自流量创业

小马鱼 著

懂点运营，
让喜欢的事儿
能赚钱

电子工业出版社
Publishing House of Electronics Industry
北京·BEIJING

内 容 简 介

此刻，你捧在手中的是这样一本书：

它诞生于一位离开互联网大厂，转而开启自己理想人生的资深运营人之手；

它用通俗易懂的语言帮你搭建个人商业模式，打破职场"内卷"；

它融合了上百位自流量创业者的真实案例，你或许能在其中看到自己喜欢的人生样本；

它将陪伴你找到既能赚钱又能实现社会价值的自流量创业之路。

未经许可，不得以任何方式复制或抄袭本书之部分或全部内容。

版权所有，侵权必究。

图书在版编目（CIP）数据

自流量创业：懂点运营，让喜欢的事儿能赚钱 / 小马鱼著. —北京：电子工业出版社，2022.7
ISBN 978-7-121-43614-7

Ⅰ.①自… Ⅱ.①小… Ⅲ.①网络营销 Ⅳ.①F713.365.2

中国版本图书馆CIP数据核字（2022）第094486号

责任编辑：张月萍　　　　　　　特约编辑：田学清
印　　刷：涿州市般润文化传播有限公司
装　　订：涿州市般润文化传播有限公司
出版发行：电子工业出版社
　　　　　北京市海淀区万寿路173信箱　　邮编：100036
开　　本：720×1000　1/16　　印张：14　　字数：210千字
版　　次：2022年7月第1版
印　　次：2024年3月第2次印刷
定　　价：69.90元

凡所购买电子工业出版社图书有缺损问题，请向购买书店调换。若书店售缺，请与本社发行部联系，联系及邮购电话：（010）88254888，88258888。

质量投诉请发邮件至zlts@phei.com.cn，盗版侵权举报请发邮件至dbqq@phei.com.cn。

本书咨询联系方式：010-51260888-819　faq@phei.com.cn。

自　序

在做互联网运营的第 12 个年头，迎来了我的第二本书。第一本书《我在阿里做运营》是对职场上半程的总结，将"高大上"的阿里巴巴运营心法应用于传统行业和创业公司，成为互联网图书中的小"爆款"。在第二本书中，我把互联网运营演变成拥有理想人生的思维方式和做事方法，面向这个时代中更庞大、向往自由和实现价值的小微创业者人群。

对，就是和我一样，一个人或几个人做着一件不好定义是自由职业还是创业的事儿。我们想做自己喜欢的事儿，倾注热爱，发挥天赋，并且能赚钱，而不是委屈自己在工作了大半辈子后用攒起来的钱享受生活。就像"股神"巴菲特曾经回应某位年轻人的职业规划时说的那样："这就好像把性生活留给年老的自己！"

当我把运营之道用于人生时，我发现真正的运营不是只看销售额，而是考虑如何"多快好省"地实现目标。我们需要在设定目标时考虑人生的兴趣、价值感、幸福感，让自己的努力方向始终与目标保持一致。

我见过很多种创业模式，迄今为止，我认为最理想、最适合普通人、最能兼顾工作和生活的创业模式，就是我正在践行的"自流量创业"。这种创业模式的运作与大型公司不太一样，包括以下关键点：

- 在设定目标时，除了考虑钱，还要考虑人生的兴趣、价值、幸福感，让自己的努力方向始终与目标保持一致。
- 做符合自然发展规律，不以牺牲身体健康和个人名誉为代价的增长。
- 彻底的用户思维，通过内容和社交零成本获取用户，直接与用户互动，并留存、转化用户，没有中间商赚差价，靠口碑形成自增长。

- 一个人"活成"一家公司，极度重视效率，做最重要和有复利的事儿。
- 靠使命聚人，灵活雇佣，通过项目制合作扩大产能。

移动社交时代为这种理想的创业模式提供了肥沃的土壤，创业不再只能走融资、规模化、压力和风险大到睡不着觉的那条路了。

在离开互联网大厂的六年里，我践行并带动几万人走上了"自流量创业"这条路，坚持在公众号"小马鱼"里记录心路历程。过去我以为，这只是一种小富即安的小众生活方式，不足为外人道也。但是，自从三年前我当了妈妈，加之后来看到"新冠肺炎疫情"（以下简称"疫情"）和教育"双减"的影响，有些人失业，有些公司的上市雄心变成梦幻泡影，让我更加确信这是多么正确而有先见之明的选择。

提前布局，你将不会为无法兼顾家庭和工作而懊恼，孩子也不想看到一个为了自己牺牲事业，却因找不到价值和激情而郁郁寡欢的妈妈；提前布局，突发事件影响不了有能力在线上获取用户的人。疫情这几年，我的线下收入减少了，总收入却增加了。

我深谙移动社交时代的低成本运营之道，虽然目前公司只有我一个人，但是基于生态化思维和赋能利他的心态，一路上得到了很多人的帮助和支持。如今，我有近10位灵活雇佣的助理，以及50多位可调用、合作的讲师和咨询顾问。

我并没有在线上基础设施建设、团队搭建、流量获取、品牌宣传上花多少钱，从结果来看，无论是物质收益还是价值成就，都超过预期，并且每年以30%的增速上升。我还布局了多条被动收入渠道，让自己不被金钱"绑架"，从容生活，拥有思考人生的空间。

我过上了一种当下非常满意，并且日后回忆起来也会嘴角上扬的生活，这让我有了更强的使命感，来影响更多的人。

如果早点儿掌握人生运营之道，就可以早点儿过上"做自己喜欢的事儿，并且能赚钱"的理想生活，何乐而不为呢？

有人问我之后想要怎么发展，是否走规模化道路。我想符合自然发展规律地创业，而不是成为一台赚钱的机器。小米创始人雷军在小米成立 10 周年时说了一句我很认同的话：**"优秀的公司赚取利润，伟大的公司赢得人心。"** 我想持续研究回归人性的、符合当下环境的运营方法论，帮助更多"小而美"的自流量创业者低成本、低风险实现梦想。

美国作家保罗·贾维斯在其著作《一人企业：一个人也能赚钱的商业新模式》里指出，"一人企业"是数字经济下个体创业的新模式，每个人都应该成为自己的 CEO，选好自己的商业模式，为自己负责，保持小规模，保持变好，而非盲目扩张变大。这与我的观点不谋而合。

有人说，这些成就很小，年入千万元才能证明我的成功，规模化才能证明我的影响力，才能有更多人找我学习、为我付费。

"小而美"一定小吗？我觉得不是这样的。

首先，如果你的欲望很大，远远大过自己的能力，那么即使成立了一家很大的公司，你也会觉得小。如果你的欲望恰好比自己的能力小一点，就能轻松获得很多人一辈子梦寐以求的自由。"小而美"不一定小，但是更靠近自由。

其次，天下大势，合久必分，分久必合。截至 2021 年 7 月，美国自由职业者的占比已经超过 36%，中国也会迎来这样的趋势。特别是在疫情期间，很多微小的个体积极自救、逆袭、保增长，"船小好调头"，比很多大公司的生命力更顽强。"小而美"不一定小，但是更灵活，更容易挺过经济周期。学者王东岳先生曾说："但凡成为主流，都行将衰丧。"

最后，"小而美"蕴藏着大大的能量和可能性。如果能借助杠杆化思维和生态化思维，运用吸引力法则，把身边的"小而美"聚集、联动起来，组合创新，可能就会产生超乎想象的能量。

"合抱之木，生于毫末，九层之台，起于累土，千里之行，始于足下。"今天，虽然我还无法下定论个人商业模式在未来可以发展成什么样子，但是可以确定，我所践行的这个"从 0 到 1"的过程是必经的、健康的、符合事物发展规律的。

至于以后更大、更有想象力的组织可能性，我们可以一起期待、探索。我还在路上，享受着迭代的过程，希望与你同行。当自由职业者越来越多时，会有为这群人服务的新型组织出现，世界会变得越来越好玩！

本书第 1 章讲述移动社交时代带给自流量创业者的机会；第 2～4 章是本书的核心内容，讲述如何开启自流量创业，独创了"5P"模型、"自流量创业金三角"模型和比 AARRR 模型更好用的"抹胸裙"模型；第 5 章讲述走这条路可能会遇到的心理卡点和一些突破心理卡点的经验技巧。

我希望陪你走过最初的那一段种子萌芽的稚嫩时期，避免你被市面上充斥的大量过时，甚至价值观有问题的营销套路迷惑，以为那些就是运营的全部。如果你热爱的事业在萌芽阶段凋零，你还劝自己瞑目、死心，甚至告诉下一代生活本来就是苦的，不要做无谓的尝试，那将是多么悲哀的事啊！

我希望吸引力在你我之间产生，希望你一眼就觉得这是你一直在找的那个圈子、那股力量。"小而美"虽然不小，但是很分散，希望我们能聚在一起，乘风破浪，无所畏惧，爱我们所爱，不辜负这个美好的时代。

孩子，妈妈关在书房里没有陪你玩的时候，其实就是在准备这份礼物。如今，我把这份礼物送给新时代的更多孩子，教育的最终目的就是让人获得自由！

小马鱼

2022 年 3 月　成都

目　录

01 第 1 章
移动社交时代的创业风口　　1

1.1　互联网三个阶段的创业风口变化　　4
1.2　刷新思维，享受时代红利　　8
1.3　新的创业模式：自流量创业　　16
1.4　自流量创业与打工、传统创业的区别　　19
1.5　我的案例：3万人私域流量实现百万元变现　　27

02 第 2 章
个人商业模式探索　　41

2.1　找到热爱，从"斜杠青年"开始　　43
　　2.1.1　找到兴趣并运营成优势　　45
　　2.1.2　利用优势进入行内人的圈子，持续精进　　48
　　2.1.3　确定市场所需的差异化优势，封装成产品实现变现　　50
2.2　错位竞争：与其更好，不如不同　　52
2.3　方向选择：三条路线开启个人事业　　56
2.4　化解中年危机：开启职场"复业"　　63
2.5　从"4P"到"5P"：绘制自己的营销模型　　66

03 第 3 章
自流量创业"从 0 到 1" 71

- 3.1 "自流量创业金三角"模型 73
- 3.2 个人IP 81
  - 3.2.1 为什么要打造个人IP 82
  - 3.2.2 个人IP显化 84
  - 3.2.3 个人IP一以贯之 86
  - 3.2.4 个人IP持续迭代 87
- 3.3 私域流量池 88
  - 3.3.1 什么是私域流量池 88
  - 3.3.2 私域流量池的好处 89
  - 3.3.3 打造有个人IP的高价值私域流量池 91
- 3.4 产品矩阵 95
  - 3.4.1 知识萃取 95
  - 3.4.2 知识产品化形成矩阵 98
  - 3.4.3 产品矩阵的定价 99
- 3.5 我的案例：用两年布局"自流量创业金三角" 100
- 3.6 比AARRR模型更好用的原创"抹胸裙"模型 104
- 3.7 在私域运营商业的心性修炼 108

04 第 4 章
做自己的首席运营官 111

- 4.1 内容运营：构建选题矩阵和分发矩阵 114
- 4.2 朋友圈运营：得体、有面儿、能变现 122
- 4.3 关键人营销：低成本拉新 129
  - 4.3.1 哪些人是关键人 130

- 4.3.2 关键人的魔力 … 131
- 4.3.3 关键人营销"三步走" … 132
- 4.3.4 请关键人传播什么 … 135
- 4.3.5 日常如何维护关键人 … 136
- 4.4 花式宠粉：让1000个铁杆粉丝为你传播 … 137
  - 4.4.1 哪些人是你的铁杆粉丝 … 138
  - 4.4.2 让铁杆粉丝爱不停 … 139
  - 4.4.3 让铁杆粉丝成为你的案例 … 141
- 4.5 社群运营：打造高价值社群的六要素 … 142
  - 4.5.1 价值定位 … 144
  - 4.5.2 找同类人 … 145
  - 4.5.3 树关键人 … 147
  - 4.5.4 内容设计 … 149
  - 4.5.5 建立规则 … 152
  - 4.5.6 盈利模式 … 154
- 4.6 用户运营：打标签精细化运营 … 155
  - 4.6.1 如何利用微信给用户打标签 … 156
  - 4.6.2 用微信给用户打标签的实操经验 … 158
  - 4.6.3 动态标签管理 … 159
- 4.7 活动运营：策划爆款活动六要素 … 160
  - 4.7.1 爆款活动的六要素 … 161
  - 4.7.2 活动复盘：GRAI复盘法 … 168
- 4.8 海报呈现：吸引眼球，立即转化 … 168
  - 4.8.1 什么场景需要海报 … 169
  - 4.8.2 用示意图梳理海报信息层级 … 169
  - 4.8.3 用不同海报多角度宣传活动 … 171
- 4.9 巧用工具：自流量创业者装备升级 … 173

05 第 5 章
一个人"活成"一家公司　　　　　　　　　　**177**

5.1　运营思维：提高人生效率　　　　　　　　　179
  5.1.1　流程化思维　　　　　　　　　　　180
  5.1.2　精细化思维　　　　　　　　　　　180
  5.1.3　杠杆化思维　　　　　　　　　　　182
  5.1.4　生态化思维　　　　　　　　　　　182
  5.1.5　数据化思维　　　　　　　　　　　184
  5.1.6　产品化思维　　　　　　　　　　　184
5.2　目标管理：给自己设定OKR　　　　　　　　185
  5.2.1　为什么需要目标管理　　　　　　　185
  5.2.2　个人目标管理工具首推OKR　　　　187
5.3　灵活雇佣：团队的"选用育留"　　　　　　189
  5.3.1　灵活雇佣的好处　　　　　　　　　190
  5.3.2　团队的"选用育留"　　　　　　　190
5.4　心理卡点突破：谈钱不伤感情　　　　　　　194
5.5　偶像包袱：自我成长中最大的成本　　　　　196
  5.5.1　如何丢掉偶像包袱　　　　　　　　197
  5.5.2　利用偶像包袱严格要求自己　　　　199
5.6　面对竞争：心态有多开放，就有多大能量　　200
5.7　面对变化：拥抱不确定性　　　　　　　　　201
  5.7.1　最大的不变是一直在变　　　　　　201
  5.7.2　熵增与反熵增　　　　　　　　　　202

人生海海，早日上岸　　　　　　　　　　　　**207**

第 1 章　移动社交时代的创业风口

一个人"活成"一家公司,极度重视效率,只做最重要和有复利的事儿

阿里巴巴前总参谋长曾鸣教授曾提出过一个"点线面体"的战略定位，梁宁老师在《产品思维30讲》里加以引用，并发表了以下观点。

"'悲摧'的人生，就是在一个常态的面上，做一个勤奋的点；

"更'悲摧'的人生，就是在一个看上去常态的面上，做一个勤奋的点，你每天都在想着未来，但其实这个面正在下沉；

"最'悲摧'的人生，就是在一个看上去常态的面上，做一个勤奋的点，其实这个面附着的经济体正在下沉；

"如果一个人一生只能收到点状努力的计时收益，从来没有享受过一次线性周期的成果回报，这就叫穷人勤奋的一生。"

在我看来，个体是一个点。选择大于努力，如果我们抱团取暖、资源连接、互通有无，就形成了一条更有力的"线"；如果我们附着在一个崛起的平台上，无论是就业进入了一个好的平台，还是做自媒体选择了在风口上的社交媒体，都是在一个上升的"面"上，"面"的上升会放大个体的努力效果，如果"面"下沉，那么个体再努力也没有用，腾讯、抖音、小红书和B站等社交媒体就是很好的"面"；我认为个体崛起是当下蓬勃上升的趋势，也就是

"体"。简而言之，个体通过连接他人，打开自己，同时抓住上升的自媒体平台，拥抱个体崛起的趋势，很有可能活出不一样的人生。

在以前，做喜欢的事儿是奢侈品，而在现在和未来，做喜欢的事儿是必需品。如何享受当下时代的红利，让喜欢的事情能赚钱呢？本章将为你详细讲述。

1.1 互联网三个阶段的创业风口变化

纵观互联网浪潮的起起落落，人们可能会认为十年前的互联网环境和十年后的互联网环境是一样的，都是推崇免费思维、流量思维、平台思维。然而，身处互联网浪潮之巅，我认为这十年至少可以分为三个阶段，每个阶段的创业风口是不一样的，一些曾经流行的思维渐渐过时了。

如果看到一家十年前诞生的公司在今天做得很好，就模仿它把十年前走过的路再走一遍，那是走不通的，因为每个时代成就英雄的方式是不一样的。

互联网的第一个阶段是PC（Personal Computer，个人计算机）互联网时代。很多门户网站在这个时代兴起，这个时代的关键词是"流量思维"。它的变现模型就像一个漏斗模型，先拼命地获取流量，然后通过吸引眼球的内容和便宜的商品来转化这些流量，然后就没有然后了。因为不太关注留存，所以那些门户网站需要不停地获取流量。

在这个时代，取胜的关键是流量，但是我们永远无法装满一个漏水的桶。

**第一阶段：
PC互联网时代**

互联网的第二个阶段是移动互联网时代。很多PC端的网站以App的形式重新做了一遍，有些网站迁移成功了，有些网站被新时代诞生的产品弯道超车，取而代之了。这个时代的关键词是"产品思维"，具有产品思维的公司就像在漏斗模型下放了一个"盆"，通过一些免费的产品功能和优质的社区内容留存用户、黏住用户，接住没有转化的流量和已经转化过的流量，给他们一些再来逛逛的理由，而不是只看重一次性成交。

**第二阶段：
移动互联网时代**

回看2013年，我在淘宝直观地感觉到轰轰烈烈的"PC转无线"的浪潮。当时马云号召大家"进军无线"，一个很明显的变化是淘宝手机端与PC端网站的不同。以前的网站页面上是花花绿绿的Banner（网页上吸引人点击的横幅广告和标语），各种促销信息让人眼花缭乱，无外乎打折、秒杀、9.9元包邮、买一赠一等。而新诞生的淘宝手机端开始在页面上加入图文内容，教用户怎么穿搭和怎么选择好店铺等；每家店铺有自己的微淘，店家可以通过微博一样的短图文告诉用户自家店铺的最新动态，为用户提供了更多价值，用户即使不买商品也能来逛逛，这就是留存。

以前，用户在搜索商品关键词时，只要找到销量和价格都不错的商品就可以完成交易，关闭页面。现在，由于增加了很多留人的内容，用户逛着逛着就被"种草"了，随手将更多商品加入购物车，客单价便会提高。

在这个阶段创业，需要一个既懂开发又懂用户的产品经理，这种产品经理即使在一线城市也重金难觅，遑论在二、三线城市了。这是一个很多"互联网+"公司踩过的典型的"坑"，它们只看到了程序员的重要性，而没有看到在产品背后的产品经理和运营角色的重要性。在这个阶段出现了很多"瘸腿"的App，它们像"烂尾房"一样，无人运营，无法成功走向市场。

互联网的第三个阶段，就是我们现在所处的移动互联网时代的后半场，即移动社交时代。如今，用户会在移动社交平台上花费很多时间，人们在社交活动中被"种草"和"拔草"。以前"搜索"是购物的第一渠道，现在"社交"成为人们购买商品前的必经之路，人们的购买行为在很大程度上受博主、微商和KOL（Key Opinion Leader，关键意见领袖）等活跃在社交平台上的角色的影响。

第三阶段：移动社交时代

互联网基础设施日益成熟，在这个阶段创业，最需要的不是开发互联网产品的能力，而是基于社交媒体，利用个人IP吸引用户，并将用户引导到合适的产品上实现变现的能力。换句话说，不需要借助程序员和产品经理开发自己的App，而是可以通过社交媒体获取用户，如入驻抖音、视频号、B站、小红书和知乎等平台，通过输出内容和打造IP来圈粉，先吸引粉丝进入私域，再利用朋友圈和社群建立信任，导向产品变现。

如果你是一个不喜欢抛头露面的匠人型人才，那么可以专注做自己喜欢且擅长的事儿，打磨一个极致的产品，找社交媒体上的KOL，将你的产品软植入他们的日常笔记或短视频，获得传播，帮你带货，甚至你的"铁粉"也可以利用自己的朋友圈为你做分销。当然，自媒体更便宜、更持久，请人可能需要广告费或资源置换。因此，很多人选择自己当网红，为自己代言和吸引流量。

"自带流量"几乎成为低成本创业的必经之路。不只是网红大V，自流量创业者也可以聚集一批用户，让他们认可自流量创业者的价值，为产品付费。

微商是比较早的自流量创业者。我问过很多人对微商的看法，大部分人表示并没有看不起微商,反而很佩服这种"轻创业"模式,只是不喜欢比较夸张的刷屏方式。如果在方式的选择上可以高级一点,不打扰用户,那么大部分人是可以接受微商的。

我也问过很多微商,他们中的很多人其实并不热爱做微商这件事,只是实在没有时间、本钱或经验,只能从最简单的微商做起。即使已经赚到钱的微商,也想成为更有调性、更有势能的"高级微商",避免产生低人一等的感觉。

什么是"高级微商"呢?"高级微商"是带着个人IP在微信生态圈里从事商业活动的人。 其实我自己就是一个"高级知识微商",既没有实体,也没有经销商,利用社群、直播、朋友圈和公众号等,在微信生态圈里直接维护我的粉丝,通过知识产品矩阵变现,这并不妨碍我成为有影响力、有价值和受尊重的人。

这种低成本的创业模式不受流量"绑架",你准备好迎接它了吗?

1.2 刷新思维,享受时代红利

这个时代的红利不是线上流量,而是碎片化流量。这些碎片化流量尚未被明码标价,你还有机会免费获得它们。

如果你有一个拥有1000个好友的个人微信号,你就是一个小小的影响力节点。如果我能找到100个像你这样的影响力节点,并且他们认同我、愿意为我传播,我就能通过调用这100个影响力节点覆盖10万个用户。这些用户基于二度人脉的推荐,是有信任背书的,与公域流量里的陌生流量相比,价值要高得多。

这些碎片化流量几乎是免费的，你只需要运用一些小心思、小技巧，就能让他们愿意为你传播。同样是10万个用户量级的流量，以前只能去中心化的流量分发平台购买，如百度、腾讯、阿里巴巴，既需要花钱，又可能不精准，把钱花出去却看不到什么水花，不适合小微创业者。

这个时代有一种很重要的红利，那就是碎片化流量。基于社交关系的裂变，你可以获得免费且精准的流量。

从运营流量、运营产品的时代，到运营用户、运营粉丝的时代，新的红利出现了。普通人也可以做到，不需要花多少钱，难点在于洞察用户、满足需求、创造价值。社交媒体发达，人人皆可表达，信息越来越透明，信息差距越来越小，用户的感受和观点也越来越受到尊重，好的东西会得到口碑传播、流量加持，变得越来越好，差的东西则会"死"得更快。

这对于喜欢玩新媒体的年轻人来说比较简单，对于玩了很久套路的人，以及认为创业一定要走传统之路——租办公室，招聘员工，开发网站或小程序，一定要买量、走规模化道路的人来说，反而有点难。

要想享受这个时代的红利，首先要刷新思维。让你在过去的时代尝到甜头的流量思维、平台思维等可能已被时代淘汰，成为你在今天乘势而为的阻碍。那么，有哪些不可不知的思维，能帮我们更轻松地享受这个时代的红利呢？

1. "小步快跑"的MVP思维

某些做广告或做品牌出身的、追求完美的、理想主义的创业者，比较容易陷入"自嗨"的状态，在功能未经验证的情况下，花费很多时间和金钱打造自认为完美的产品，如果最终做出来的产品得不到用户的认可，那么修改的代价会非常大。

MVP（Minimum Viable Product，最小可行性产品）思维，在从产生想法到推出产品、验证市场的过程中，是一种很重要的指导思想，它强调用最小的成本呈现想法。最小可行性产品不一定精美，只要用户能明白就行，先看看用户有什么反馈，愿不愿意付费。

例如，我之前开发了一门运营顾问班的高阶课程，帮助在传统行业有一定运营经验的人成为像我一样的独立运营顾问。在产生了这个想法后，我既没有雷厉风行地租场地、讲课，也没有马上招聘销售人员、做招生，更没有开发全套课程放到小鹅通上，而是先用石墨文档写出我的服务内容、课程内容、用户画像和价格等，再发给我的目标用户。结果，靠这样一个简单的文档，我收到了20万元学费，开始了第一期课程的教学。经过不断调试，在第三期课程教学时已经很顺畅了，这时候花钱打磨会更划算，花出去的钱不会打水漂。

2. PDCA循环迭代思维

PDCA循环的含义是将过程管理分为四个阶段，分别是Plan（计划）、Do

（执行）、Check（检查）、Act（处理）。PDCA循环要求各项工作按照"制订计划—执行计划—检查执行效果"的顺序进行，并将成功的动作纳入标准形成SOP（Standard Operation Procedure，标准作业程序），不成功的动作留待下一个循环来解决。

这种思维的反面是寄希望于一口吃成个胖子。我接待过300个小微创业者的一对一咨询，发现很多人的现状和理想之间有很大的差距。他们没有找到通向理想的路径，就像在理想和现实之间隔了一条大江大河，他们在河对岸跳呀、吼呀，甚至急得跳江游泳，还是到不了对岸，要么原地打转，要么淹死在江中。究其原因，就是没有修建到达对岸的桥，没有通过拆分步骤来实现理想（这在运营里叫作"拆解"）。PDCA循环迭代思维就是一种很好的拆解思维，想象你在爬楼梯，假设你现在的水平在第一梯，你的目标是爬到第五梯，你可以带着项目中的改进项迭代三次，每迭代一次就代表你爬上了一层楼梯，最终便能稳稳地爬到目标高度。

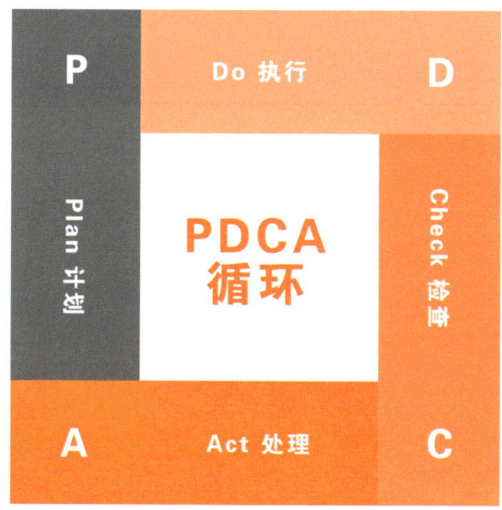

我在给企业做运营顾问或帮职场人做职业规划时，就会用到这种工作思维和方法。其实它就是给人确定性，让现实和目标之间的差距可视化，拆解步骤，每循环迭代一次都能使过程更加完善，更接近目标。

3. 用户思维、超级用户思维

正因为大家开始重视用户甚至超级用户的价值，才催生了近几年的热词"私域流量池"。

大家之所以纷纷搭建自己的私域流量池，是因为发现了用户不只是流量，而是一切需求的集合。

用户今天购买了一个产品，明天或许会购买其他关联产品。用户不仅自己会复购，在某些情况下，可能还会呼朋唤友一起购买。数据显示，很多社交场景中的用户平均能够影响周围的500个用户，特别是忠实的、对产品有深刻见解的、自媒体粉丝在1万人以上的用户，更是需要重点对待的超级用户。这与砸钱买流量、关注某些虚荣指标相比，实际意义要大得多。经典的"1000个铁杆粉丝"理论就是这种思维的印证。

"1000个铁杆粉丝"理论

对创作者而言，如艺术家、音乐家、摄影师、工匠、演员、设计师、视频制作者或作家，换言之，任何创作艺术作品的人，只需拥有1000个铁杆粉丝便能糊口。

——美国知名学者凯文·凯利

4. 个人IP思维

个人IP的意思是在某个细分领域具有专业性和独特价值观的影响力个体，简而言之，就是厉害且有趣的人。当你在某个细分领域成为个人IP之后，变现就容易多了。

个人IP的兴起与社交媒体发达、用户选择增多有关。谄媚式、强买强卖式的营销方式已经无法打动当代用户了，他们会主动收集信息，更希望心甘情愿地被"种草"。运营人员需要从卖货的角色转变为平等的、排忧解难的朋友角色，甚至比用户更资深的、让用户崇拜的专家角色，这样才能更好地获得用户的信任，从而实现变现。

5. 聚焦、单点突破思维

在选择目标人群、推广渠道、主打产品时可以用到聚焦、单点突破思维。这是一种与"二八法则"相呼应的思维，它的反面是面面俱到、全面铺开，却又蜻蜓点水。特别是小微创业者的能力和资源有限，竞争又那么激烈，只有找到能够成为杠杆的关键动作，全部投入进去，才能撬动更大的成果。东一榔头西一棒槌等于什么都没做，毫无竞争力。

例如，在目标人群的选择上，有些人觉得面向的人群越广，下单概率越大，但是他们忘了人群越广，竞争对手越多，优势就越不明显。

我有一项复业（这里之所以有意用"复业"而不是"副业"，是因为它是对某种核心竞争力的迁移复用，而不是单纯用时间换取额外收入）是生涯规划师，但是我没有考取过专业的证书，我怎么和其他老师竞争呢？于是我思考哪一群人是我更能服务好、更有比较优势的人群，结果发现运营人、想兼顾家庭和低成本创业的妈妈是我的两类典型人群，因为我有同样的经历，更懂他们。果然，这两类人群找我做生涯规划咨询的满意度很高，这项复业的启动也很顺利。

这种思维还能用在对渠道的选择上。20%的渠道带来80%的流量，这是真实存在的现象。如果你的事业中不存在这种现象，每个渠道都是特别零散的流量，那么你可能一个渠道都没运营好，就更应该聚焦了。

现在的社交平台非常多，很多人会找一大串社交平台做分发，如微博、微信、抖音、视频号、今日头条、西瓜视频、小红书、B站、知乎、百家号、大鱼号、悟空问答、百度知道等。实际上，真正做下去才发现，最适合自己的只有一两个渠道，只要运营好了这一两个渠道，就能带来80%的流量，如果平均用力，反而每个平台都运营不好。

像我这种互联网知识博主，在一开始时运营知乎和互联网学习交流平台"人人都是产品经理"的效果会比较好。我的很多学生和我服务过的公司也是从单个平台做起来的，如我服务过的"Bikego领趣旅行"起步于马蜂窝旅游网，我的学生形象设计导师"目石形象蒜苗"起步于知乎，另一位学生身心疗愈师"仁钦"起步于微博，而做古筝、琵琶教学的"乐落清音"的咨询用户流量来自B站。因为平台只会推头部的KOL，所以你要争取在某个平台的某个垂类中成为前20%，如果你在每个平台都是垫底的，随便做做，那么效果约等于零。

这种思维用在产品矩阵的设计上也很合适。产品不是越多越好，流量有限，不要让自己的产品之间形成竞争，造成用户选择上的困扰。你需要控制产品的数量，要能清晰地说出不同产品针对什么样的用户、适合什么样的场景，产品与产品之间有什么区别。明确自己"人无我有，人有我独特"的王牌产品，尽量把流量聚焦于王牌产品，因为王牌产品的转化率是最高的，最容易促使用户第一次付费，接下来再考虑后续的关联产品推荐。

6. 共赢利他的生态化思维

上文提到聚焦、单点突破思维，有人可能会担心涉及面太窄，目标群体不大，难以扩散。别忘了，还有生态化思维。当你拥有了一项技能或一批用户时，你就获得了进入某个高手生态圈的入场券。你既可以自己构建一个生态，也可以加入其他人的生态，分享各自的用户，发挥自己的擅长点，把生态做大、做丰富、做肥沃，这样也是在无形中交换用户、传播口碑、扩大规模。

社群是典型的生态化思维的产物。我拥有一个运营人的付费社群"运营圈子计划"，运营了3年，有1000个付费用户。一开始，我付出很多来滋养这个圈子，后来有了助理为之付出，不同角色的关键用户也在付出，当这个圈子越来越肥沃之后，我们都从中得到了名、利和成就感。如果每个人都藏着掖着，不愿先提供价值，不愿为其他人发朋友圈，因为害怕用户流失而不愿让自己的用户知道其他公司，不愿跨界做活动，只想得到，不愿付出，那么谁都做不大。

当下，我们不应该做面面俱到的"木桶"。短板不可怕，更重要的是要有长板，让自己的长板和其他人的长板强强联合，这样才能创造广阔的发展前景。

1.3 新的创业模式：自流量创业

当今时代的红利加之1.2节中提到的各种思维，诞生了一种新的创业模式，也就是我正在践行的自流量创业。

我从美国女孩斯科特·福克斯的《自流量生活》一书中得到了启发，原来我过的就是这样的生活。

作者在书中这样解释"自流量生活"。

"我这里提到的'自流量生活'并不是一条可以快速致富的捷径。自流量生活的概念侧重于建立一份灵活而又可以赚钱的生活式线上经营，它能够让你把生活放在第一位。"

"自流量生活创业者"具有以下特征。

① 他们会利用网站、电子商务、电子出版和社交媒体等渠道，建立一份基于互联网的、可获得盈利的生活式经营，在网上向世界各地的人分享自己的观点，推广自己的产品。

② 他们对工作的控制力、个体的独立性、制订计划的灵活性，以及工作带给他们的满足感，都达到了空前的高度。

③ 他们从自己的事业中得到的不仅是钱，还包括独立、安全感和自信，这些曾被认为是只有有钱人才会有的感受。赚钱并不是人生旅程的终点，而是享受人生每一段旅程的助力。

虽然与"斜杠青年"、自由职业者有相似之处，但是"自流量生活创业者"这个名词更能体现时代感。

① 利用互联网低成本创业，不需要实体，不在乎时间和距离。

② 建立自己在社交媒体上的站点，直接与粉丝互动，不依赖中介平台。

③ 想实现低成本、有效、有信任基础的创业，内容已成为引流的最主要方式。

在《自流量生活》中有一张象限图，你可以测试一下自己处于下图中的哪个象限。

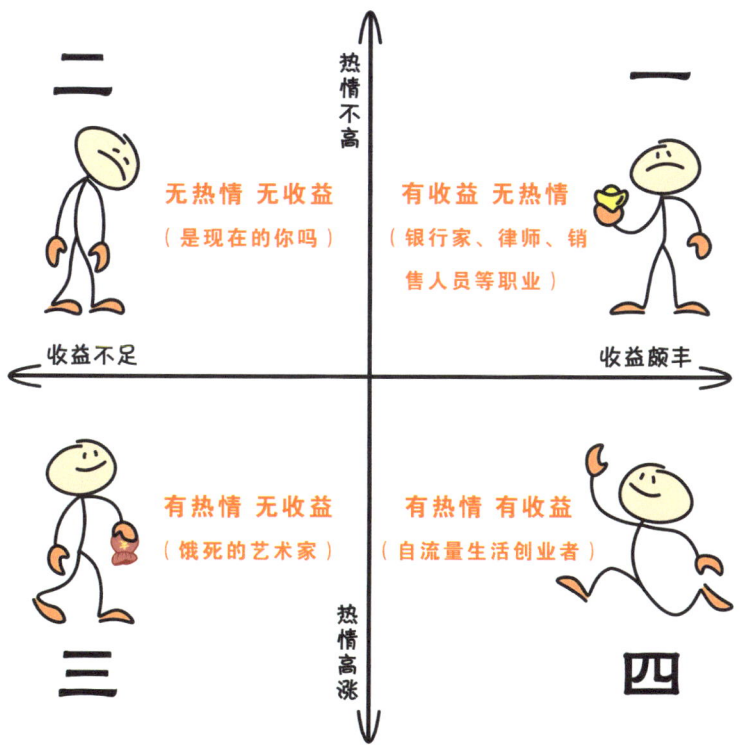

我可以毫不犹豫地说，我处于第四象限（有热情，有收益），即典型的自流量生活创业者。

我很兴奋，我现在走的这条在中国看似小众的路，在引领个体崛起的美国已经有了理论积淀和实践证明。我也很自信，我可以赋予这个词更适合中国的内涵。

中国的互联网发展日新月异。《自流量生活》中列出的很多方法，如邮件营销、博客、自建域名等，在中国早已过时，中国的竞争可能比美国激烈得多。

虽然自流量创业者大多没有那么功利，比较佛系、有情怀，但是不可否认，我们需要获得用户反馈和物质激励，形成正循环，不然很难坚持下去。其中，运营能力非常关键，否则可能体会不到最喜欢的事儿给自己带来的成就感，也就无法坚持下去。

我有一个大学同学，她是一个很有潜质的女神，擅长英美文学、唱歌、穿搭、美妆、写作，还很幽默，敢于自黑，豁得出去，很有"网红基因"。从事英语教学工作多年后，她希望能做出一些改变，做自己喜欢的事儿，如唱歌和写作。于是在工作之余，她开始倒腾社交媒体，在酷狗音乐发布自己唱的歌，在贴吧连载自己的小说。半年过去了，虽然她花了很多时间，但是并没有多少收获。在我看来，如果她真的想把自己的兴趣运营成一项可以带来回报的项目，那么她在选择平台和变现模式时应该提前思考，而不是盲目选择某个平台发布作品、吸引粉丝，却没有想好后续怎么变现。

不是每个人都可以成为网红，我也不是单纯教大家做自媒体。虽然我不是拥有上百万个粉丝的大V，但是我仍然能够获得不错的收益。如果你学会运营，即使在粉丝不多的情况下，也可以将粉丝导入私域，实现变现。

我的这套运营方法是基于个人禀赋的、综合而系统的方法，是互联网大厂的运营方法论在个人身上的延展，如果能够学会，你一个人就能"活成"一家公司，自由而充实。

1.4　自流量创业与打工、传统创业的区别

当发现自己在公司里的升职空间越来越小，身价上涨越来越慢，"大公司病"越来越让自己不舒服，意识到不可能在这家公司工作一辈子时，你是否想到了创业？与此同时，那些折戟沉沙的创业失败经验，是否又让你踟蹰不前？

在自流量创业的这几年，我摆脱了中年职场焦虑，我的收入每年以30%的增速上升，我很清楚我的核心竞争力和"护城河"是什么，我很确信我的优势不是某个身强力壮、有冲劲、肯加班的年轻人能够替代的，我早已不是一颗"螺丝钉"。

基于这几年我对自流量创业的深刻践行，为300位职场人士提供一对一咨询服务，以及通过运营"私塾"课、运营顾问班帮助上百位资深职场人士开启"第二曲线"的经历，我越来越相信，这是一种适合新时代的、健康的创业模式甚至生活方式。自流量创业具有以下特征。

第一，在设定目标时，除了考虑钱，还要考虑人生的兴趣、价值、幸福感，让自己的努力方向始终与目标保持一致。

这种创业模式不是南辕北辙，或者前半生挣钱、后半生寻找意义。很多人在风华正茂的年纪只追求物质，财务状况好转了，却发现与梦想越来越远，找不到兴趣和快乐。即使曾经憧憬的环游世界的梦想，也因为各种牵绊、好奇心减弱或体力衰减等，而没有激情实现了。

我喜欢的作家Susan Kuang说过下图中的这些话。

> SusanKuang
>
> 很多年前，我读过Tim Ferries《每周工作4小时》这本书。书的序言中，Tim Ferries写了这样几段话：
>
> "人们并不渴望做百万富翁，人们仅仅是希望体验百万富翁才能享受得起的那些生活。
>
> "在银行里存上百万美元并不是白日梦，白日梦是这百万美元所能保障的自由自在的生活方式。那么问题的关键是，人们怎么才能在没有百万美元存款的情况下，还享受百万美元存款所赋予的自在生活呢？
>
> "几乎所有人都在讨论如何把一家公司做大做强，然后卖掉，从此过上幸福的生活。这当然没错，但问题是几乎没有人想过这样的问题：为什么要这么做？为什么要把人生最好的年华花费在畅想最后那区区几年的幸福上？"
>
> 这些文字让我至今都印象深刻，因为它们给了我一种全新的认知和理念：原来我们真正想要的其实不是"有钱"，而是"有钱"所能赋予我们的生活。既然如此，我为什么要等到自己有钱之后才去思考自己想要怎样的生活，我为什么不能现在就去思考，然后想办法现在就过上呢？

其实，我们真正想要的不是"有钱"，而是"有钱"所赋予我们的生活，那么为什么不能现在就想办法过上那种生活呢？

第二，做符合自然发展规律，不以牺牲身体健康和个人名誉为代价的增长。

在公司里，我们常常身不由己：明知道产品还不够好，迫于业绩压力不得不让用户买单；明知道身体扛不住，还是要加班加点；明知道是损害名誉的事情，有时硬着头皮也得做。而个人事业在自己的掌控之中，它是符合自然发展规律的，做一件处于风口上的事儿和做一件自己喜欢的事儿（如复兴传统手工艺）的速度是不一样的。我希望你选择自己喜欢的事儿，通过运营养活自己，适当加速，而不是违背初心，被外界推着走。

第三，彻底的用户思维，通过内容和社交零成本获取用户，直接与用户互动，并留存、转化用户，没有中间商赚差价，靠口碑形成自增长。

普通公司最大的一部分成本是引流成本，无论是在线下抢占有自然流量的好地段，还是在线上投放曝光量大的广告，都需要钱。不过，如果你能输出彰显个人 IP 的内容，或者借助线上、线下的社交活动，就能零成本获取用户，在私域里直接与用户互动并留存、转化用户。这样既不会被中间商拿走大部分利润，也不需要太多的公域流量，靠老用户的口碑宣传就能支撑起一部分自增长，这样的模式更加稳定、有安全感，用户都在自己的私域流量池里，不用在每次有需要的时候都出去"打猎"。

第四，一个人"活成"一家公司，极度重视效率，做最重要和有复利的事儿。

自流量创业在很长一段时间内可以一个人进行，特别是知识IP类的创业者，你就是公司最重要的资产，其他人往往是因为看重你的个人IP而付费的，你的精力分配和交付能力在极大程度上决定了公司的盈利能力。因此，你必须极度重视效率，及时给事件划分重要紧急程度，找到关键抓手。

重要紧急的事儿和重要不紧急的事儿都要排上日程，不要总是被重要紧急的事儿推着走，应该花时间提前筹划重要不紧急的事儿。例如，"写书"对我来说是重要不紧急的事儿，可能短期内看不到效果，不过我每周都会抽出一部分时间专门做这件事，我坚信它会在日后给我带来很大的助力。

除此之外，还要善于选择有复利的事儿。什么是"有复利"呢？就是一份付出可以被反复、长期利用。例如，我做的音频课和书，可以卖几年、卖很多份，没有额外成本；我在交付某个线上训练营的时候，会注意收集对下一期宣发有帮助的素材；我在运营某个企业咨询项目时，也会注意收集同类项目可能用到的表格、工具、课件。环环相扣，找到事物之间的联系，这件事的"因"是那件事的"果"，尽量少做一些单点的、一次性效果的事儿，这样做的效率会很高，如果用一个指标来体现，就是单位时间价值。在公司的时候，我付出一个小时获得的回报可能不到100元，而现在可以达到上千元，我还可以腾出更多的时间来享受生活、学习充电，而不是一味地输出、被掏空。

第五，靠使命聚人，灵活雇佣，通过项目制合作扩大产能。

如果自己的时间已经饱和了该怎么办？通过组建团队来扩大规模吗？先问一问自己，为啥要扩大规模？自己的目标只能通过扩大规模来实现吗？扩大规模只能通过招聘人员来实现吗？自己擅长管理吗？这样会不会恰好和自己的短板死磕上？

现在的年轻人不是用权威就能管得了的，优秀人才也不是用薪资就能留住的。在资金实力不够雄厚、管理经验不够丰富的情况下，可以用个人IP吸引想和你一起做有趣的事儿的人。他们不是冲着高薪来的，你只要给予合理的项目分成，就能以灵活雇佣的形式扩大产能。

我们应该做一个"使命道场"，实现一群人的使命感、价值感，而不是只实现自己一个人的。我就是这样做的，在对助理和志愿者的"选用育留"上，我有一些自己的心得和经验。

以上观点是不是刷新了你对创业的认知，并且深深地吸引了你，让你觉得这就是自己想要的？

很多人以为创业只有一种方法，那就是向上市的成功公司学习，一步步往前走。殊不知，回溯初心，也许你并不能承担高风险、高投入和较大的压力，你的愿景也不一定和大公司一样。

例如，我有一位咨询者曾是资深媒体人，喜欢芳疗，学习了一段时间后，她想利用自己的优势创业，做一个芳疗护肤品品牌，预算50万元。

她在咨询宝洁等快消公司的品牌经理时，得到的是一句不屑一顾的"不可能，钱太少了"。

她去百度搜索营销策划公司，找了一家公司为她提供视觉设计、包装设计、品牌故事、网站建立等传统营销服务，报价10万元；又找了一家贴牌代工厂，起步价20万元。创业一开始就花掉30万元，剩余的20万元还要招人、找办公场地、购买营销工具等，如果3~6个月后无法实现盈利，公司就撑不下去了。

大部分创业者往往属于这种情况，啥都没想清楚，一大笔钱就花出去了，给自己定下一个很紧张的运营期限，创业之路当然高危了！

她在找我做咨询后，砍掉了大部分不必要的花销，确定了节奏，创业时安心多了。

我并不比宝洁的品牌经理和市场上的营销策划公司厉害多少，而是通过沟通，我知道了她想做成的样子，既不是叱咤风云的、数一数二的品牌，也不是布局线下主攻普通人群的护肤品公司，而是用内容吸引同频的人，为同频的人定制产品，通过一些志同道合者的沙龙提高附加值，只要能活下来、活得舒服就行。

做喜欢的事儿，让喜欢的事儿能赚钱。这本身可以成为一种创业模式。 只不过因为小众，主流不相信，可能会受到一些打压。可是我相信自流量创业者，也愿意支持他们，为他们赋能。

下表列出了从不同维度分析打工、传统创业、自流量创业三者的差别。当然，如果你身处很棒的公司、很棒的职位，或者用传统创业方式开创了很棒的事业，很满意现在的打工或创业生活，那样也很好，以下分析是对大部分普通人而言的。

分析维度	打工	传统创业	自流量创业
门槛	财务门槛为零，不过需要学历和实习经历	财务门槛较高，至少需要30万~50万元的启动资金，还要对所在行业上下游有充分的了解	财务门槛几乎为零，可能会花一些学费学习抖音、社群、私域、个人IP等知识，还要有一技之长，至少有一个感兴趣的钻研方向
兴趣	非兴趣导向。绝大部分人选择的是薪资高、有面子的公司，至于进公司后做的是不是感兴趣的事儿很难说	一半是兴趣导向，另一半考虑资本风投是否青睐。在残酷的竞争中，越到后期兴趣越小，逐渐成为责任和压力	兴趣能把你的天赋激发出来，最有竞争力的活法就是做自己，这样从一开始就很快乐，不会觉得太累
团队	无法选择自己的同事，可能会受到内耗和情绪影响	可以选择合伙人，但是非常难找，常常会为了弥补某个空缺而用一个不太契合的人。一旦有调整，就会引发动荡、支付赔偿金	可以选择同频互补的人开展项目制合作，比全职雇佣成本低，非常灵活，并且不用支付固定人力成本。和喜欢的人一起工作是一种滋养和快乐，可以互相学习
成长	前几年成长较快，之后趋于平缓，技能提升空间不大，重复性工作的比例上升，一眼就能望到头	不缺成长机会，不过有时会超越当下的承受力，产生反作用。需要攻克的点五花八门，很难聚焦在一个点上	以解决当前问题为核心的成长，是高效的、符合阶段特点的非线性成长，量变可以引起质变
价值观	只能被动接受公司的价值观。有些公司对价值观的设定和浸润很棒，如阿里巴巴，你能感觉到价值观对这家公司的重要性，但大部分公司的价值观形同虚设，甚至有时要被迫做一些违背价值观的事情来完成KPI	一开始可以坚持自己的价值观，不过随着发展速度越来越快，员工越来越多，价值观会被稀释，你会觉得找到认同自己的价值观且能力不错的合伙人或员工非常难，坚守价值观成为一件很辛苦的事情	从头到尾都可以且必须坚持自己的价值观，它是你个人IP的一部分，是用户喜欢你的原因，必须一以贯之，不可丢失。做符合价值观的事情，吸引同频的合作者、用户和员工，你会觉得身心愉悦，很舒服

续表

分析维度	打工	传统创业	自流量创业
收益	平均每年10%的涨幅，跑不赢房价上涨的速度	剧烈波动，风险大，不可控因素多，收益不好的时候就是在给员工打工	对用户的长期维护、对产品的长期打磨能让你享受时间的复利。前一两年验证期的收益速度可能较慢，当达到PMF（Product Market Fit，产品与市场的最佳契合点）时，每年的涨幅可达到50%~100%
压力	加班、单休是常态，即使有些时候并不需要，身不由己	压力非常大，长期超负荷运转	压力可控，累的时候可以通过内观冥想减少一点欲望，把身心健康放在第一位
自由度	不自由，法定节假日出游又贵又挤，对父母、子女的陪伴不够，容易错过一些有纪念意义的重要日子	看似自由，实则可能比员工更不自由，即使在休假时也会挂念工作	比较自由，既可随时随地移动办公，又可错峰出游，以较低的价格享受同等的旅行
成功概率	靠努力过上小富即安的滋润生活的概率还是比较大的，不过退休前的一段时间比较难熬，做自己不感兴趣的事情，后劲儿不足，又不敢跳槽	走上正轨、获得融资、每年增速不错的概率很小，失败后通常会切换方向，以往的用户派不上用场，再次经历"从0到1"的过程	做自己喜欢的事儿本身就是成功的，如果能让它赚钱，就更成功了。即使变现方向找得不准，铁杆粉丝也是可以一路相随的，增加下一个产品变现成功的概率

以上是我总结的三条路的差别，你可以多与职场外正在创业的人聊一聊。我个人完整地经历了"大厂打工—创业公司核心管理层—自流量创业"三个阶段，最终发现还是自流量创业模式最值得坚持。

下面来看一看我的案例吧。

1.5 我的案例：3万人私域流量实现百万元变现

在公众号"小马鱼"里，我回顾了从22岁大学毕业到32岁这十年间发生过的关键事项。如果你也想走自流量创业这条路，可以通过我的案例思考，怎么走才能让成功概率最大。

1. 二十不惑，三十而已，一个普通女孩的十年

最近在看电视剧《二十不惑》和《三十而已》，以及综艺节目《乘风破浪的姐姐》。朋友圈里的"30+"姐姐们仿佛集体"出道"，纷纷表达自我，我也借此好好回忆了一下我的十年。

2. 22岁，从财经大学毕业后从事互联网运营

十年前，我从西南财经大学毕业。虽然毕业于211高校，但是我非常缺乏自豪感，高考失利的阴影在我心里压了四年。

这四年，我一直很努力，就是想扳回一局，弯道超车，毕业后和更厉害的大学的毕业生站在同一条起跑线上。

毕业季，当我的同学们选择金融、证券、银行类的公司时，我剑走偏锋地应聘了携程的管培生岗位。当时的我见识太少，不知道自己喜欢什么，只知道自己不喜欢什么。排除金融业之后，没有太多其他选择，于是凭着对旅行单纯的热爱，寻找对应的公司。那时候，我只知道携程是做旅行的，不知道它是当时国内最大的OTA（Online Travel Agency，在线旅行社），是互联网巨头。没想到一路过关斩将，我居然拿到了录取通知书。那一年，携程在全国只招了

30个管培生,其中在四川只招了3个。如今,我们都回成都了,直到现在还是好朋友。

去上海总部培训时,我才知道公司里人才济济,从北京大学、厦门大学、复旦大学等学校毕业的学生也是好不容易才进来的,我心里长舒了一口气,总算可以与自己和解了。

在那时,没有人知道还有一种叫作"运营"的岗位。因为我们是管培生,在轮岗结束后有选择部门和岗位的权力,我误打误撞地选了销售部门的数据运营岗位。这是运营里门槛最高、技能难度最大的岗位,也是早期坐冷板凳坐得最久的岗位。

在其他同事已经靠销售和产品实现业绩增长、拿到提成的时候,我还只能拿着死工资,天天做表,从"表妹"做成了"表姐"。不过,也是从那时开始,我奠定了坚实的基础,开始了与运营的十年不解之缘。没想到,十年后,"运营"成为我的标签。

人生没有白走的路,每一步都算数。

3. 24岁,是"跟对人"还是"做对事"

"我们都是这个新世界的实习生,满怀期待地想要给人留下美好的第一印象,温柔地说一句'初次见面,请多关照'。可这陌生的世界却告诫我们:初次见面,你在这里,微不足道。"

既没有梁爽和王漫妮的美貌,也没有段家宝的有钱、会打点关系,在上海交了一群穷开心的真朋友之后,我想和这个城市说再见了。我感觉要想在上海过上我向往的文艺精致的生活，需要很多钱，而当时的携程并不像一家正儿八经的互联网公司，钱少、安稳、挑战小，一度让我很浮躁，觉得在上海待不下去了。

我想寻找一片更适合新手成长的水域，去一个没有那么多欲望和压力的城市，静待花开。

于是，我来到了在那个年纪特别适合我的杭州，以及特别适合"收留"我这种理想主义者的公司——阿里巴巴。

我在杭州度过了最美好的五年，至今，我爱杭州仍然比爱成都更多。可能正是因为我在最美好的年纪，把宠辱不惊的心境留在了西湖，它包容了我的很多心事，培养了我的很多美德。

衣食不愁的薪资，新鲜感十足的工作，受尊敬的、让人自豪的公司，骨子里透着文艺性情的城市风貌，都让我在那几年成长得很好。

在阿里巴巴，我不再浮躁，像一棵树苗，安心地向下"扎根"。面对职场中是"跟对人"还是"做对事"的矛盾，我选择了后者。

记得有一次部门变革，新来的领导带来很多自己人，我们团队的其他人跟随前领导转到新的部门了。我因为不喜欢其他类目，只喜欢当时正在做的事儿，成了一棵留下来的"独苗"。

我知道我不会在那个部门待很久，于是"大口"吸收知识，顾不上其他的，争分夺秒，把自己的技能棋盘填充完整，尽快成为一个"翅膀够硬"的全栈运营人。

原来，最适合年轻人成长的环境，不是一开始就充满凶险和诱惑，而是一

片更适合自己的平稳水域，慢慢积累成长。

不走捷径的我，已经赢了80%的人，像我这种普通人，唯一能享受的就是大部分人留给我的"苟且红利"了。

现在想想，如果当时不稳扎稳打，那么在如今众多三四十岁的中年职场焦虑人士中，可能就有我的身影。

出来混，迟早还。早吃苦，早享受。

4. 26岁，阿里巴巴上市，得到飞来"横财"

2014年，在我26岁的时候，阿里巴巴上市了。

平时两耳不闻窗外事，一心埋头工作的我，才知道公司有那么多千万富翁，昨天还一起共事的人，今天就不在一个圈层了。既有老员工因为在上市前通过内部交易贱卖股票，导致与同工龄的同事身价悬殊，也有比我还小的"90后"员工因为消息灵通、胆子大，从内网低价收购股票，在公司周围买房子而一夜暴富。

可见，在阿里巴巴工作，心态必须要好，如果会理财就更好了。

我记得在上市那天晚上，我们都穿着庆祝T恤，上面写着"梦想还是要有的，万一实现了呢"。

阿里巴巴的西溪园区被装扮成华尔街的样子，灯火通明，我和同事开心地游园拍照。我们的开心应该是不一样的，他们或许是因为多年的付出终于得到了回报，而我是单纯为公司开心，为发一条朋友圈很多人点赞而开心，为那种自豪感甚至是虚荣心而兴奋。

阿里巴巴的组织文化部高手云集，深谙员工的心理，每年都会制造很多供员工发朋友圈的素材，让其他人羡慕阿里巴巴的员工，让员工为公司"鞠躬尽瘁，死而后已"。

虽然一夜暴富的好事儿轮不到我，但是我曾靠绩效评定连续两次排名前20%，获得"最佳潜力员工奖"，在人才盘点时破格获得了一点期权。当时没有概念，直到公司上市后一看市值，我才意识到自己已赚得人生的第一桶金。不过期权要分四年行权，因此，很多人即使背井离乡也要在阿里巴巴待满四年。

我琢磨自己能在阿里巴巴待多少年呢？我希望我不是因为钱而留下来的。两年后，我获得了一半的期权，心里对自由的渴望在萌芽。

如果你得到一笔飞来"横财"，可以供你两年衣食无忧，你会怎么做？

我想，我的好运大概是来自一直朝着自己喜欢的方向努力的决心，老天爷看到了，给了我嘉奖，是希望我继续朝着目标前进。那么，是时候做自己喜欢的事儿啦！再不做，老天爷可能就把好运收回去了。

5. 28岁，"捡漏"买了第一套房，开启自由之路

在我离开阿里巴巴的时候，因为没待够四年的时间，只获得了一半的期权，因为不想给自己留下什么念想和牵绊，就傻乎乎地卖掉了，价格不到现在的1/3。

好在追寻内心的人是会有好运的。我拿出一些积蓄，在成都房价的低点全款买了一套5.8米挑高的Loft（一种具有高大、开敞空间的房产类型）。当时成

都的朋友们不看好我这个决定，说他们买的房子七八年没涨过了，不信我一买就能涨。结果，成都的房价确实从我回去那年开始"起飞"，现在的房价已经涨到当时的三倍，租金还算不错。

自此，我开启了自己的自由职业生涯。在这个Loft里，我曾过了一把民宿老板的瘾，也曾开设最初几期的运营"私塾"课，和学生们学习到深夜的时光，至今记忆犹新。

很多人羡慕我的自由，其实我的物质条件和我身边的大部分人差不多，真的不算什么。我觉得是因为**我的野心不大，而我的能力刚好能配得上自己的野心，所以我拥有了自由**。

6. 30岁，生了娃，我认真思考是回归职场还是继续自由

在自由职业的前两年，我的生活风生水起，自由、金钱、家庭都能兼顾，我想不到比这更棒的生活。但是，生娃打破了这样的平衡和安逸，感觉还没照顾好自己和老公，就要手忙脚乱地多照顾一个人了。一个好端端的女人，怎么就和小娃娃的屎尿相伴了呢？我的生活质量一落千丈。

在自由职业的第三年，也是有娃的第一年，我的脑海里闪过了"回去上班"的想法，我想这是很多妈妈挣扎、纠结的一点。我记录下了我的思考过程，分享给大家。

一方面，职场对生完娃的我来说有哪些吸引力呢？

① 听说能当好"新手妈妈"的人，回到职场后会发现自己的战斗力和抗压能力有所提升，我很想看看自己是否真的成长了。

② 我所在的行业正在经历很快、很大的变革，我想亲历变革，而不仅仅是在外圈围观。处于变革的核心有多重要呢？这可能会让我在接下来的3~5年，甚至更长的时间内具有核心竞争力，可以把我的价值曲线再提振一下。举个例子，"阿里铁军"曾创造过辉煌的历史，处于变革的核心。后来，亲历过变革的人把阿里巴巴的销售经验、团队管理经验和组织文化分享出来，很多人愿意花大价钱学习。在此之前，那些经验和文化在阿里巴巴内部基本上无人问津，属于被"打入冷宫"的东西，可见好的公司是可以领先市场很多年的。经历一次实战，可能比观看10个成功案例、学习10门运营课程更有用。

③ 我深刻体验了自由职业者的角色，进行了很深入的思考，在一般人看到的好处之外，我也看到了一些限制性因素。要想突破这些瓶颈，和在公司向上爬一样，也需要花很多时间来历练。或许，随大溜上班仍然是性价比又高又不那么让人"烧脑"的选择，好的互联网公司的薪资确实很不错。

另一方面，既然上班有这么多好处，我为什么还依恋自由职业呢？

① 我的性格比较适合自由职业。在大公司向上爬，需要带团队、做管理，我对这些方面不太自信。

② 成都没有特别好的互联网公司的总部和核心岗位。如果想处于变革的核心，恐怕又要回到杭州，变动太大，并且好的互联网公司的节奏非常快，很难兼顾家庭。

③ 一个自由发展的妈妈和宝宝在一起，或许会创造无数种可能性，这对宝宝的启蒙会更好。世界上每天发生那么多事儿，有那么多诱惑，和我有什么关系呢？和宝宝生活在一起，会让我更平静，更有幸福感。

其实这两条路在未来的情形应该都不错,最终的选择取决于我想要什么样的生活。

没有一个选择可以一次性满足人生的所有期许,要想过好一生,需要做出无数个选择,每个选择能满足当下两三年的期许就不错了。这些选择连起来,就是一个不错的人生。

在孩子一岁多断奶后,我遵从内心,选择继续过自由职业的生活,不过要以更职业化的态度做自由职业,这就是我自流量创业的前身。我是一个追求精进的人,在自由职业的第三年,我想做得更好。在2018年年初的计划里,我把自己的业务分成了几个事业部,简直一个人"活成"了一家集团公司!

2018年小马鱼各事业部KPI			
事业部	KPI	KPI分解	完成进度
课程			
咨询			
微商			
广告			
投资			
微猎头			

7. 32岁,实现财务自由和社交自由

在刚离开职场时,我只实现了时间自由,这是非常初级的自由。自由职业的四年以来,除了人脉拓宽、财富增长和时间自由,我时常能感觉到社交自由带给我的满足。

社交自由是指一个人不用为了满足生存需要,而做出违背自己内心的选

择。用大白话来说就是，不想去的饭局和聚会可以不去，不想理的人可以不理，不想说的违心话可以不说，不想合作的人可以不合作，不想帮的人情可以拒绝，等等。

实现财务自由的人有很多，社交自由的快乐却很少有人能体会到。

实现社交自由的人不一定比实现财务自由的人更富有，但是他们的快乐可能更长久；实现财务自由的人不一定能实现社交自由，为了保住自己的地位和财富，他们可能还是需要做一些违心的事，交一些违心的朋友，逢场作戏。

我有幸在三十岁出头的年纪享受到实现财务自由和社交自由的愉悦。那么，我是如何做到的呢？

① 主导自己的时间和精力，聚焦在自己热爱和擅长的事情上，形成核心竞争力。

如此，你可以明确自己的能力边界，知道哪些事儿会让自己不舒服、不自信，那就少碰，绕着弯走；哪些事儿当仁不让该你做，就努力争取，不用在乎其他人的眼光。

如果你不能主导自己的时间，别人就会侵占你的时间，东分一点西分一点，你的时间就会支离破碎，不能用在刀刃上；如果无法建立自己的"护城河"，就要一直看别人的眼色，依附于平台。

② 找到一个让自己舒服的圈子，以价值观和认知为判断标准，实现高效社交，而不是人情世故。

很多人的一辈子就是被人情世故捆绑了，不敢显得和其他人不一样。然而，在个体崛起的时代，没有人是孤独的，肯定有和你的价值观、认知类似的社群或圈子，你们在一起，就是一个小小的影响力中心。

关于这一点，我很庆幸当年建立了"运营圈子计划"这个社群。直到现在，它依然保持最初的调性，没有过快地发展，而是吸引同频的人，让我有了一个舒服的"后花园"。

③ 敢于拒绝，确立自己的原则。

有一位前辈在向别人介绍我时，说我是一个有个人风格和原则的人。我觉得这是一个很高的评价。

例如，我把免费和付费的场景区分得很清楚，该免费时我不会收费，该收费时我不会不好意思；对于不是很熟的人，我最多在线上聊几句，不会动不动就约好在线下见面聊天；拜托我发的朋友圈必须是我认可的内容，如果我不认可，即使给钱也不行；不适合我接的项目就不接，不适合当我学生的人就不招。

原则很重要，甚至我觉得个人 IP 里一个很重要的点就是原则，包括你的脾气秉性。如果大家都当老好人，那么"差异化"从何而来？

因为有原则，所以同频的人会和你靠得更近，高效社交可以把不同频的人自动过滤掉。

一路走来，我发现最难的是控制欲望，形成统一、和谐、自洽的价值观。"燕雀安知鸿鹄之志哉"，不懂自己的人，随他们说什么吧。生活方式有很多种，找到属于自己的那一种生活方式，就已经很棒了。

我之所以把我的生活方式或创业模式称为"自流量创业",是因为它介于自由职业和创业之间,能引起很多人的共鸣,一路同行。

我把公司的运营之道加以变通调整,并用到了自己身上。现在,靠着3万人的私域流量池,我每年可以获得上百万元的收入,每年的收入增幅为30%~50%,并且有自由的时间陪伴孩子,见想见的人,去想去的地方,拥有自己的圈子。我对此非常满足,并且充满感恩。

真正的运营,不是看你赚了多少钱,而是看你离目标近了多少,进步的速度提高了多少。否则,即使赚了钱也不知道意义何在。

在生活的兵荒马乱中找到自己的"禅",一个普通女孩的下一个十年,还在续写。

上文的内容比较感性,接下来我为大家理性地提炼几个开启自流量创业的要点。

① 积累一定的经验和储蓄。

我在开启自流量创业前,曾在携程和阿里巴巴等大厂工作了六年,在这六年间,我有意识地锻炼自己全栈运营的能力,并且积累了第一桶金。这桶金并不是用来投入创业的(事实上,我倡导的低成本创业并不需要多少启动资金),它主要是用来让自己安心的。如果把这些钱投资房产产生租金,或者投资基金产生收益,就是不错的被动收入来源,可以让自己更加从容、有底气。

② 最好在离开平台前完成可行性验证。

很多人在"裸辞"后才开始验证自己的创业想法是否行得通,这样做的风险比较高。我建议在有"第一曲线"的收入作为支撑的时候，利用业余时间完成可行性验证。

验证的方式有很多种，如免费或以极低的价格提供服务，看看有多少人愿意接受你的服务，接受服务后的反馈怎么样，会不会形成自发传播带来新用户。在职场中有一定积淀的人，特别是想为年轻人做职业规划的HR，可以采取这种验证方式，分发一些免费名额，看看效果如何并收集反馈。

你可以思考自己身上有哪些技能或标签是被人欣赏的，如果其他人请你做事，你就可以获得一些额外的报酬或免费体验，很多旅行博主就是从用文章和照片免费交换民宿、旅行体验起步的。

我在离开阿里巴巴前需要验证两件事情。第一，我能否将阿里巴巴的经验萃取出来用在其他初创互联网公司中？外界会买单吗？第二，如果我要做一件和互联网不沾边的事情（如琴、棋、书、画、诗、酒、茶），我能否将其商业化并赚到钱？

在相对封闭的阿里巴巴，没有人能告诉我这些问题的答案。于是，我利用半年的周末时间在外面交朋友，和各行各业的人士聊天，观察他们的运营短板，提供建议，看能不能对他们有帮助；同时，我在公司内负责公益幸福团"光合作用"的运营工作，策划"一米田园"活动，让更多人认识了我这个"在阿里有地的女孩"；此外，我还撰写运营类的文章，总结、提炼这些年在阿里巴巴做过的事儿，一不小心就火了。

当我离开阿里巴巴的时候，我完成了三件很重要的事情。

第一，构建了自己的私域流量池。我的公众号粉丝和个人号好友加起来大概有5000人，其中包括我的种子用户。

第二，验证了我这个人作为"产品"的可行性。我能帮助其他人解决问题，我的经验是值钱的，并且可以迁移到各行各业。

第三，有了一点个人IP的萌芽。我敢于活出自我，并将我的生活分享在朋友圈和公众号中，这让我拥有了"自由""文艺""田园""有情怀"的运营人标签。

自由职业者的前身是"斜杠青年"，只有先在工作之余尝试、试探，才能开拓新的可能性，再通过运营获得更稳定的持续增长，形成良性循环。

③ 践行"1000个铁杆粉丝"理论。

在很早以前，我就听说过凯文·凯利的"1000个铁杆粉丝"理论。该理论的含义是，**要想成为一名成功的自由创业者，不需要拥有海量的用户，只需要与1000个铁杆粉丝直接接触、维持关系就够了。如果你能产出新的产品，满足他们的需求，他们就会重复购买你的产品。假设你每年从他们每个人身上获取100美元的利润，就足够维持你的生活了。**

该理论与微信公众号的口号"再小的个体，也有自己的品牌"，以及知识星球的口号"连接一千位铁杆粉丝"的内涵异曲同工。

以前，我以为"1000个铁杆粉丝"理论只适用于个人，对公司来说不值得一提，因为量级太小。但是，经过这些年与很多公司、用户的接触，加之疫情期间的观察，我发现1000个铁杆粉丝比我以为的更难能可贵。有些公司看起来流水很大，一旦受到突发事件的影响就无法经营，瞬间失去了很多用户；有些公司虽然通过发福利吸引了很多公众号粉丝，但是能为公司摇旗呐喊，在社交媒体帮公司传播的铁杆粉丝寥寥无几，粉丝爱的是福利和低价，没有了这些东西，粉丝就是路人。

在我3万人的私域流量池里，虽然铁杆粉丝只有300个，仅占1%的比例，但是足以支撑让我满意的生活。反观某些公司，一味吸引眼球，没有核心竞争力，追求虚假繁荣，即使有10万个粉丝，要想挑出100个铁杆粉丝，也是很难的。

无论你的野心有多大，1000个铁杆粉丝都可以成为你坚实的底盘。如果你现在还没有粉丝，那就尽早开始积累吧！"合抱之木，生于毫末；九层之台，起于累土；千里之行，始于足下"，抛开百万粉丝的幻想，先从拥有1000个铁杆粉丝开始。

④ 只做有复利的事儿，把力气用在刀刃上。

成为自由职业者之后不久我就结婚生子了，常感叹时间不够用。一个人的"人生有限公司"不像大公司一样，拉新、转化、留存都有专人在做，甚至做内容、做活动、做社群都有专门的人员。因此，我们需要删繁就简，把力气用在刀刃上，把时间用在有复利的事儿上。**用内容运营的技能显化个人IP，用用户运营的技能留存私域里的用户，用产品经理的思维打磨产品矩阵、形成转化。这些是我认为最值得做的事儿，并且一个人能够做完全程。**

无论你是即将面临中年危机的职场人士，不赚钱的自由职业者或"斜杠青年"，还是想平衡生活和工作的宝妈，默默无闻的知识变现者，都可以在本书的后续章节中找到很多有针对性的案例和方法。

第 2 章　个人商业模式探索

在开启"第二曲线"的过程中,你会习得一种驾驭不确定性的能力,不再为时代变迁而焦虑

一提起当今时代的"小微创业",人们往往第一时间想到社交电商或实体店加盟,以至于如果你想离开公司做点副业,能找到的资料或培训课大多与此相关,最终往往是劝你加入它们,成为代理。

你应该选一条对的路,而不是容易的路;选一条可以做一辈子的、长远的路,而不是在短期内利用业余时间赚点小钱的路。

作为一个见证了从PC互联网时代发展到移动社交时代的行内人,我理解社交电商存在的价值。我也是社交电商的受益者,社交电商是很多妈妈开启"第二曲线"最简单的选择,不过里面有很多"坑",有些人盲目地跳进"坑"里,赚半年的钱要用两三年来回血。

希望本章的内容能让你认真地把自己当作一家公司、一个产品来设计商业模式,"风物长宜放眼量",不要着急把自己"贱卖"了。

2.1 找到热爱,从"斜杠青年"开始

做职业规划的老师通常会告诉大家,"你的热爱"、"你的优势"和"市场需求"三者的交集就是"理想的创业方向"。其中,"你的热爱"和"你的优势"

的交集就是你的天赋所在，不过不是所有的天赋都能与市场需求相匹配，能够互相匹配的就是可以变现的创业机会。

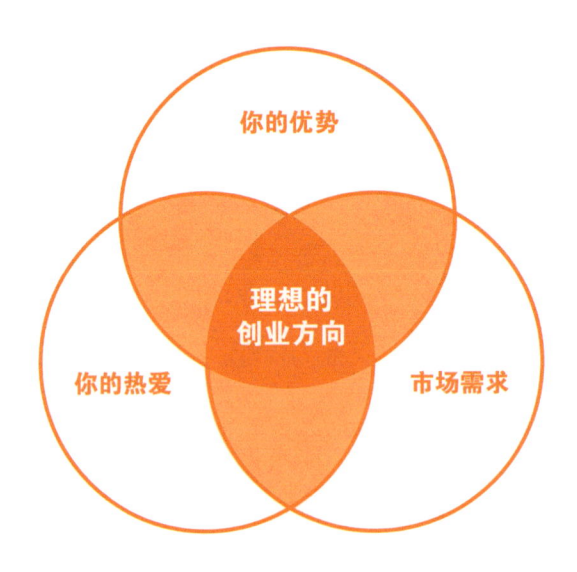

（图：三个圆的交集——你的优势、你的热爱、市场需求，中间交集为"理想的创业方向"）

虽然这种说法听上去很美好，但是大部分人每天上班、回家两点一线，生活轨迹单调而重复，既不了解自己，也不了解外界市场，迟迟无法准确找到上图中三者的交集，只能裹足不前。

如果创业方向无法匹配市场需求，和变现之间的距离就会比较远。有些人选择暂时用主业收入支持创业，享受创业给自己带来的快乐和滋养；有些人可能很快就放弃了，和自己喜欢的事儿渐行渐远。

这个过程被称为"自我觉知"，虽然很痛苦，但是能够亲身经历这个过程，已经比浑浑噩噩过一辈子的人幸运很多了。希望你早日走出混沌，在探索的过程中不要什么都不做，闷头苦想，而要动起来，用最小的成本积极尝试，人生在于折腾。

在此期间，运营可以为你赋能，通过科学的尝试加速试验过程，尽早得到市场的反馈。

2.1.1　找到兴趣并运营成优势

很多人觉得自己很平凡，难以从自己身上提炼标签，不知从何处着手开启个人事业。在这种情况下，不妨挖掘自己的兴趣，回忆一下自己在做哪些事儿时能忘记时间和劳累，即使没有报酬也甘之如饴，能够进入心流的状态。

在找到兴趣之后还要运营它，让它成为你的优势和标签，获得正反馈后，你会更愿意花时间滋养它。

兴趣不是浅浅的喜欢，未经运营的兴趣不值一提，不要轻易说喜欢，如果真的喜欢就要做好，做出案例！

举一个我自己的例子。我喜欢"采菊东篱下，悠然见南山"的田园生活，这与快节奏的"互联网人"生活截然不同。很多人虽然也喜欢这种生活，但是仅限于在周末找个农家乐喝杯茶，或者去农场采摘蔬果。而我通过运营，获得了"在阿里有地的女孩"这个差异化标签。在阿里巴巴有股票的人很多，有地的人却很少，这为我的个人品牌增色不少。直到现在，我在自我介绍时还经常提及这个标签，很多人一听就对我很感兴趣，对我有很深刻的印象。

我当时在阿里巴巴的杭州西溪园区上班，经常需要加班。我和志同道合的小伙伴成立了一个叫作"光合作用"的兴趣社团，希望通过种地纾解我们的压力。

在与公司行政部门交涉后，我们获得了批准，可以在公司的一个大露台上开垦自己的一亩三分地。独乐乐不如众乐乐，我们不但自己种，而且在内网发起了"一米田园"的招募活动，吸引其他同事一起种地，并记录过程、分享果实。此外，我们还带大家去周边的农场考察，请专家指导。后来，我们又在公司池塘边种了一圈油菜，当金灿灿的油菜花在春天盛开的时候，大家纷纷拍照分享。

这些看似"不务正业"的事情让大家记住了我是一个有情怀的人，我在离职时撰写的《那个在阿里有地的女孩要说再见了》吸引了很多人关注我的后续发展。在近三年的独立运营顾问生涯中，我顺利完成了与田园有关的项目，这也归功于当初被我运营过的兴趣。

大部分人对兴趣的喜欢是浅尝辄止的。以美食、旅行这两种比较普遍的兴趣为例，可能90%的人在被问到"有什么兴趣时"都会说自己是"吃货"、喜欢旅行。不过，怎样才能让兴趣真正成为自己的优势呢？

如果你想把"美食"运营成自己的优势，可以思考下列问题。

你是不是朋友圈公认的美食达人，经常"种草"成功？是不是大众点评5级以上会员，能够获得"霸王餐"机会，写出让其他用户和餐饮老板叫好的精选点评？是否常常自己做早餐、做甜点，在"下厨房"上晒食谱，在微博上发布美美的照片，圈粉无数？是否开公众号介绍了自己学校周边或所在城市的探店美文、咖啡馆集锦、"苍蝇馆子"集锦等？是否因为喜欢美食而学会了美食摄影，对食材、餐具等也颇有研究？

"种草"成功
"霸王餐"机会
晒食谱
大众点评5级以上会员
"苍蝇馆子"集锦
做早餐做甜点
探店美文
美食摄影
咖啡馆集锦

如果你想把"旅行"运营成自己的优势,可以思考下列问题。

你是不是朋友圈公认的旅行达人,亲朋好友都想和你一起出行?是不是马蜂窝旅游网10级以上会员或认证攻略作者,拥有一群粉丝?是否特别会做旅行路线规划,熟悉各种旅行网站,能订到性价比较高的机票和酒店,在预算不多的情况下也能完成个性化的旅行?是否因为喜欢旅行而学会了旅行摄影,即使用手机也能拍出大片,或者可以当摄影师的模特,还能剪个短视频、飞个无人机?是否能深入当地,找到旅行团去不了的地方,体验到本土风情,甚至有做义工、支教、领队的经历?

兴趣气泡图：旅行达人、义工经历、旅行摄影、马蜂窝10以上会员、旅行路线规划、飞无人机、高性价比、短视频剪辑、深入当地

或许在其他人眼里你活得很累，吃饭要P图、发点评，旅行要整理图片、写游记。不过，每一份坚持都会让你变得不一样。你在网络世界里留下的文字、图片、足迹、观点越多，将来就越吃香，这些都是有时间复利的。

可能在撒下10颗兴趣的种子后，通过运营，只有1颗种子发芽、成长为你的优势，那也是很棒的，就让其他的9个兴趣成为在这个纷繁复杂的世界里滋养你的养分吧，你需要做的是精心呵护那1颗"天赋种子"。

挖掘天赋，在喜欢的领域尽情玩耍，未来你会越来越有竞争力。

2.1.2　利用优势进入行内人的圈子，持续精进

经过第一个阶段的探索，"旅行"成为我众多兴趣中比较拔尖的优势，我打算继续运营它，让它成为我主业之外的一根"斜杠"。

这个优势帮我获得了一些免费体验旅行和民宿的机会，把体验后的内容发

布到社交媒体上，又让我增加了更多的粉丝。印象最深的是我参加了一次市面上买不到的西双版纳雨林探秘之旅，我在"雨林精灵"的家园湄公山庄住了几日，还参观了他们正在恢复雨林生态的天籽山。我把那次体验发布到全网，直到现在还有人来联系我，想为恢复雨林生态做一些贡献。

在那段时间，我进入了初级旅行KOL的圈子，认识了一些民宿主、精品酒店老板、旅行公司老板和私房茶经营者，以互相免费的形式为他们做一些宣传、体验、调研等，这样更能了解行内的真实信息，基于"以战养战"的策略，低成本、持续运营这个"斜杠"。

后来，转折发生了。当我逐渐了解旅行自媒体这个圈子，了解金主的诉求后，我发现我在这方面的优势并没有那么明显，我吃不了这碗饭，"我的热爱"、"我的优势"和"市场需求"之间并没有形成交集，我还需要继续探索。

2.1.3 确定市场所需的差异化优势，封装成产品实现变现

我发现，当我以"自媒体新人"的身份和商家谈合作时，我只能得到一些免费体验的名额，或者只能收取几百元、几千元的稿酬，而一次体验一般要花费一两天的时间，加上撰文发稿的时间，我的单位时间价值远低于在公司上班。而当我转变角色，以帮助商家提高运营效率的"运营顾问"的身份和他们谈合作时，反而能获得更高的回报，并且有蓬勃的市场需求，因为我有大厂的工作经历做背书，有多年的经验沉淀，并且市面上做垂直行业运营顾问的人非常稀缺。

这是一件很常见的现象，你明明想抛开"第一曲线"发展"第二曲线"，却发现将"第一曲线"上的优势迁移到"第二曲线"的兴趣点上，会让你更具差异化优势。后来，我在帮助顾问班中的知识IP"出道"时，也会建议他们回溯一下"第一曲线"上有哪些可以迁移的点，而不是完全抛开"第一曲线"，重新想一些不相干的点。

于是，我把我的定位调整为"为获得A轮融资前的生活方式领域创业者服务的运营顾问"，这里的"生活方式领域"包括旅行、民宿、文化创意等我喜欢的领域，为这样的公司运营，我更有动力。

当然，我在阿里巴巴学到的运营技能不能立马用在"小而美"的商家上，重点是工作方式和思维方式是可以迁移的，甚至有降维打击的优势。在获得了商家的初步信任后，不能懈怠，要及时了解商家的需求，扩展自己的知识边界，学一些更接地气的小微商家能用得上的技能，并封装成产品为之定价。

例如，我以前在互联网大厂做运营，既不会写公众号、小红书、马蜂窝，

也没联系过KOL。为了服务好我的目标商家，我必须恶补这些知识，并且积极实践。

后来，我在这个领域做出了示范案例，助力一家新兴互联网旅行公司获得了A轮融资。那家公司在行业内的名声很大，其他同行知道了我在服务那家公司后，也找上门来想与我合作，我的独立运营顾问之路才算真正启程了。

我很喜欢日本"返乡精英"盐见直纪在《半农半X的生活》一书中的观点："一定有一种生活，可以不再被时间或金钱逼迫，回归人类本质。一定有一种人生，在做自己的同时，也能够贡献社会。"

基于"半农半X"的灵感，我发明了"半玩半X"这个词，这是我在自我探索期形成的一个很重要的理念。

"X"代表无穷的可能性，你不是只有一种身份，你不是只能先赚钱后享受，你不是只有一种活法，你完全可以在做自己的同时，拥有多重身份、多重收入、多重体验，并且每一件都是你喜欢的、能发挥创造力的事儿。

X ———— 多重身份 多重收入 多重体验 ———— ∞
"半玩半X"

这与大热的"斜杠青年"的概念类似。我工作的过程就是不断学习的过程，常常会产生"赚到了"的窃喜，"既可以了解我喜欢的行业，又可以进入喜欢的圈子，向佩服的前辈学习，不仅不收我学费，还有收入，这是多好的事儿啊！"

不过，我现在已经不再以"斜杠青年"自居了。我认为对于大部分人来说，"斜杠"状态更像是一个自我探索的萌芽阶段，先经历一两年的"斜杠"

状态，了解自己的能力边界，然后主动砍掉一些"斜杠"，专注于某个热爱的领域。从商业变现的角度来看，这无疑是更好的选择。

无论如何，我歌颂并感谢这个过渡阶段，它极为珍贵和重要。

2.2 错位竞争：与其更好，不如不同

很多人不是倾听自己的内心，而是追逐所谓的"热钱"和"热门赛道"，进入厮杀激烈、竞争对手林立的战场，成了炮灰。本节将引入混沌大学的思维，即错位竞争：与其更好，不如不同。

错位竞争

自然界里的每一个物种都有自己的生态位，鹰击长空，鱼翔浅底。初创企业要想提高自己的成功率，不是比巨头做得更好，而是做得和巨头不同，关键在于用自己的优势进攻巨头的劣势。这种思维被称为"错位竞争"，这也是创业创新的第一法则：与其更好，不如不同。

我对这个法则感受颇深。我们的规模小，无法量产，在生产同一种产品时，与大牌相比，我们的产品往往不够物美价廉，所以要想一想用户凭什么购买我们有点贵的产品，针对那一部分对价格不太敏感的人，满足他们的需求，让他们不执着于比价，非我们的产品不可。

在你的产品中一定要有你的特色、你的热爱、你的匠心。例如，我有三个学生在做天然精油护肤香氛类产品。在这个领域，一提起"大牌"，我们可能

会想到馥蕾诗、祖·玛珑。我的学生们虽然使用很好的原材料，但是产量不大，产品价格比大牌高，品牌势能小了很多，如何定位市场，找到自己的用户呢？如果只说自己的产品比大牌的产品更好，恐怕没人会相信吧？不过，她们可以做到与众不同，吸引属于自己的铁杆粉丝。

第一位学生的特色是做本地"to B"的生活方式活动承接者，如为大公司的员工提供手作体验，制作专属于自己的精油香氛，以及与旅游公司合作，制作具有本地文化属性的旅游伴手礼，其中有一款限时限量的"四月成都"香氛，我曾多次回购送给外地的朋友。

第二位学生直接做"to C"，人群定位是比较高端的、重视生活品质的"30+"女士，这类用户通常皮肤比较敏感且不适合大牌护肤品。她为用户提供"一对一皮肤诊断+定制化天然护肤产品+跟踪回访"服务，还组织这些有家庭且生活品位相似的用户去山里做精油蜡烛、在院子里闻香品茶等，提高了用户黏性，形成了一个独具品位的小圈子。

第三位学生开了一家芳疗馆，引流款是精油SPA。用户在放松身体之后，如果还有心灵疗愈的需求，工作人员会让用户闻精油并为其解读，调配适合用户的精油。用户可以在芳疗馆获得从内到外的身心放松，黏性很高，这家小小的实体店在开业第三个月就实现了盈利。

三位创业者找到了自己的生态位，实现了差异化，不仅不存在竞争，还有合作的空间。虽然她们的外部流量不大，但是她们在私域做好了用户运营，精心维护每个用户，回头客很多，小日子过得很滋润。她们经常和用户一起出游、聚会、谈心聊天，确实是兼顾生活的创业模式。

[图示：天然精油护肤香氛类产品]

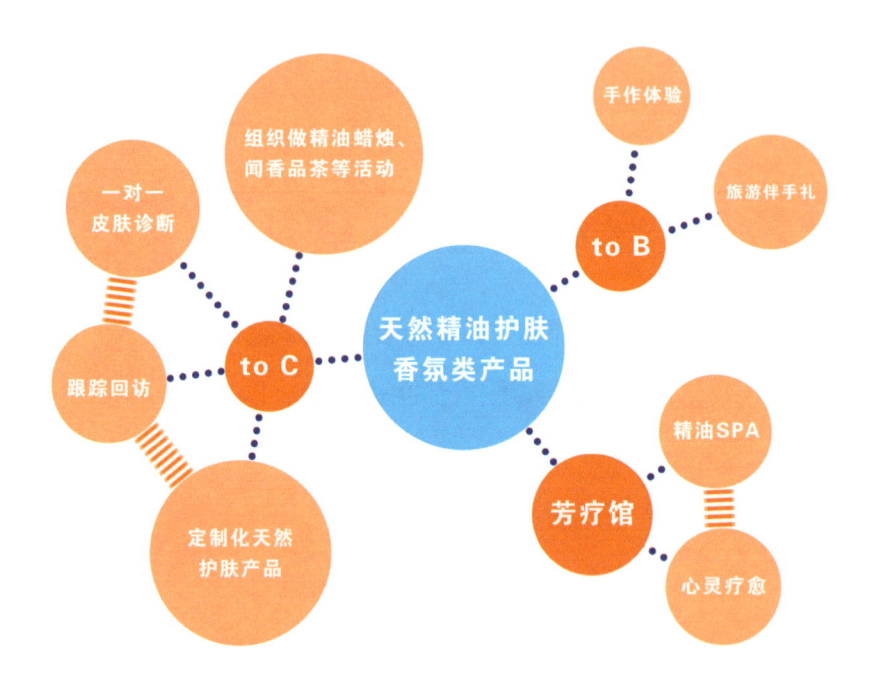

- to C
  - 一对一皮肤诊断
  - 组织做精油蜡烛、闻香品茶等活动
  - 跟踪回访
  - 定制化天然护肤产品
- to B
  - 手作体验
  - 旅游伴手礼
- 芳疗馆
  - 精油SPA
  - 心灵疗愈

再如，在我刚起步教新人学习运营时，当时做"to C"运营技能培训的公众号有馒头商学院、三节课、运营研究社，它们的产品打磨的时间更长，名气更大，我很难保证自己做得更好。于是，我将目光转向了它们忽略的，更适合我来服务的小众人群，如在学习运营之外有职业规划需求，甚至希望我帮忙找工作的运营新人，以及没有在互联网公司工作过，也不打算去互联网公司做运营，只想运营个人事业的创业者，他们很可能听不懂线上的科班运营课，也不知道该怎么应用。

于是，其他公众号做全国性的线上培训，我就做成都的线下培训；其他公众号做短期，我就做长期陪跑；其他公众号为互联网公司培养人才，我就为传统行业和个体创业者培养人才，附带做职业规划。我找到了非我莫属的用户，甚至每参加一个聚会，等大家介绍完，我就知道谁是我的目标用户，谁会对我的产品感兴趣，"快准狠"地吸引目标用户并实现转化。

错位竞争还有一个好处，那就是当大家处于不同的生态位时，不会觉得到处都是竞争对手，无须跟随竞争对手的脚步做一些非核心的事儿，不会常常心烦意乱，能够专注于服务好自己的用户，并且和同行建立生态关系，互相协作。例如，我同意"三节课"在我的公众号投放广告，"三节课"的助教也会给我推荐一些更适合我来服务的成都本地学员。

生活中也随处可见错位竞争的魅力。我去泰国清迈旅行，发现清迈的咖啡馆非常多，竞争激烈，拥有独特风格标签的咖啡馆往往能在网络上传播，让人在查攻略的时候眼前一亮，加入打卡清单。例如，可以喂兔子的咖啡馆，在悬崖边的咖啡馆，在稻田里放着一架钢琴的咖啡馆，池塘边有滑梯木屋的咖啡馆，以及戴着斗笠的男人心无旁骛做手冲咖啡的集市移动咖啡摊。如果咖啡馆的味道、位置、装修、服务都乏善可陈，那么将很难存活下来。

有人担心错位竞争会让自己的受众面变小，生意更难做，于是把所有标签都加上，殊不知这样恰恰等于所有特色都不明显。错位竞争意味着"有所为有所不为"，你不需要吸引所有人，当你放弃一批人时，另一批人反而会觉得你是专为他们服务的，忠实度会更高。

2.3 方向选择：三条路线开启个人事业

既不是所有职场人都适合走知识KOL之路，也不是所有运营人员都能成为运营顾问或讲师。"擅长运营"这个优势有多种变现的选择，如为其他公司做淘宝或有赞代运营，通过运营教学类的自媒体接广告，开发并出售某种能够提升效率的运营工具赚年费，代理某个品牌利用运营技能卖货等。

经过对大量个人事业案例的归类和整理，我发现在移动社交时代，个人事业的变现方向可以从以下三条路线着手，成本更低且成功概率更大。三条路线的说明如下。

① **KOL路线**：KOL（Key Opinion Leader，关键意见领袖），指的是能影响其他人的思想，用脑子、知识和内容赚钱的人，如知识IP、博主、网红等。走这条路线一定要打造个人IP，不好意思露脸或输出的人肯定不行。这条路线适合在某个领域已有一定积累且善于总结、归纳、输出的人。

② **KOC路线**：KOC（Key Opinion Consumer，关键意见消费者），指的是有带货能力，能影响身边的人产生消费行为的消费者。与KOL相比，KOC的门槛更低，可以不太注重打造个人IP，只要能维护与用户的关系、能卖出去产品就行，反正是按CPS（Cost Per Sales，按成交金额计提佣金）结算的，

如社区团购团长、妈妈群群主、微商代理等走的就是这条路线。这条路线适合有一定空闲时间，喜欢和用户聊天，人脉广、热心，既喜欢购物又喜欢向他人"安利""种草"好物，能让他人产生信任感的人。KOC的变现能力通常低于KOL，某个品牌方在KOL的公众号上投放广告，无论该广告带来多少转化，品牌方都会支付该KOL广告费，即使该广告带来的直接收益可能低于广告费；如果品牌方与KOC合作，通常不会支付固定的费用，KOC卖出去多少产品，就按多少比例结算佣金，即使该KOC动用自己的社群、公众号和朋友圈给品牌方打广告，如果一件产品都没卖出去，那么品牌方也不会支付任何费用。这种差别主要是由个人IP造成的。

③ **极致产品人路线**：请注意，是"极致"产品人，而不是随便某个做产品的人就算"极致"产品人。这类故事的起因常常是某个典型用户先觉得市面上的所有产品都不能满足自己代表的细分人群的需求，然后自己来研究，发现其中有很大的改进空间，还有未被其他产品占领的蓝海，于是从用户转变为产品人。这类人是为热爱而生的匠人，公众号"一条"里的主角通常属于这类人。例如，某个"爆改老破小"的家装达人，因为宝宝出生而想做出更健康蛋糕的烘焙达人，返乡归农想种出"小时候的味道"的农业达人，某个数十年如一日打磨手工艺品的非遗传承人，等等。走这条路线的人往往很难靠自身形成商业闭环，不过他们的情怀有传播力，能形成好故事，在商业世界中是有价值的，所以常常有自媒体采访、传播他们，用户也会在大众点评、小红书、抖音上自发传播。此外，这类人还可以与价值观、用户群比较契合的KOL、KOC合作分销。

几乎所有人都能结合自己的优势，列举出至少三条路线，先多给自己一些可能性，再根据可行性进行优先级排序。

在三条路线之间可以存在交叉和迁移，如在势能较小的时候先做KOC，厚积薄发，成为KOL，提高单位时间价值；一开始不做产品的KOL，发展到一定程度后可能会成为极致产品人，因为有了粉丝，可以为粉丝定制产品。

其实，我一开始也曾做过KOC，选过其他老师和机构的课程来卖，当时给自己定义的标签是"选课师"；后来，我的公众号有了一定的粉丝积累，开始有品牌方主动找我投放广告，也赚过做KOL的钱，比卖其他人的课程更赚钱、更轻松，不过不够稳定、持久。

我最喜欢、最适合的还是做极致产品人，开发普通人听得懂、用得上的运营课、内训和咨询，满足不同用户的需求，形成了丰富的产品矩阵。我目前主要走"KOL+极致产品人"的路线，收入稳定，单位时间价值高，受人尊重，知识产品还能带来被动收入。这条路线尤其适合希望兼顾育儿的女性职场人。

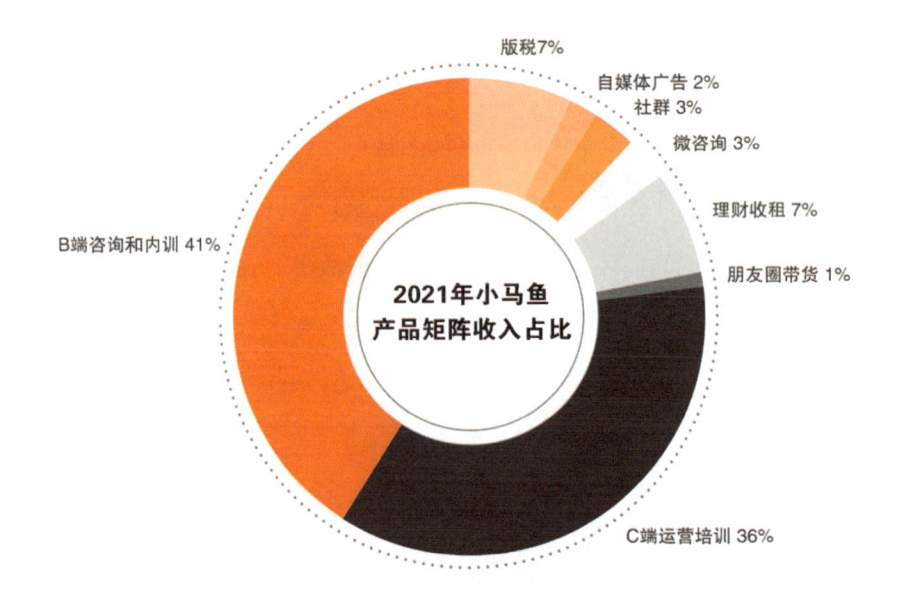

2021年小马鱼产品矩阵收入占比：
- B端咨询和内训 41%
- C端运营培训 36%
- 版税 7%
- 理财收租 7%
- 社群 3%
- 微咨询 3%
- 自媒体广告 2%
- 朋友圈带货 1%

相信很多人看过2020年的热播电视剧《三十而已》，除了三位闺蜜跌宕起伏的感情线，她们的事业线也是一个很大的看点，虽然三人的感情没有很好的结局，但是她们在事业上找到了突破和转机，这也暗合了现实——三十多岁，爱情和家庭不能成为我们的全部，这时候开启热爱的事业也不晚。

在大结局中有一个镜头是三位闺蜜潇洒同行的背影，英姿飒爽，乘风破浪，让人觉得所谓全职主妇、"白富美"、太太圈都不重要，**活出自己，拥有选择权，才是最值得羡慕的人生**！

接下来，我将结合三位闺蜜的性格特质和身份背景，为她们规划个人事业的路线，开启她们的自流量创业之旅。希望你可以从中找到适合迁移到自己身上的灵感。

1. 王漫妮

1）背景

她曾是一位奢侈品销售人员，在一个钩心斗角的名利场里扮演着服务贵太太的角色，品位好，会穿搭。在剧中，她最终出国留学，进修时尚、营销相关专业，后来做什么不得而知。

2）个人事业方向探讨

如果她在留学进修之后回国，为国内品牌店铺提供培训、咨询等服务，就是KOL路线；如果她直播带货，在国外做代购之类的工作，就是KOC路线；如果她发现自己对时尚、穿搭、面料特别敏感，只用1/10的预算就可以买到和奢侈品材质类似的衣服，甚至设计出更适合国内白领的衣服并让工厂生产出来，就是极致产品人路线。

我觉得王漫妮的可塑性很强，三条路线都很适合她，可以结合起来创业。

2. 顾佳

1）背景

她曾是全职太太，擅长育儿，既是有生活品位的家庭主妇，也是老公烟花厂的幕后操盘手，具备管理能力和大客户营销能力。在机缘巧合之下，她接手了某个村子里一家快要倒闭的茶厂，为了把茶厂产量较少的小众茶销售出去而大费心思。

2）个人事业方向探讨

剧中的顾佳走的是极致产品人路线——打磨一款走不出小山村的茶，为其打造品牌影响力。不过，在现实生活中，她不太适合走极致产品人路线，成功率不会很高。为什么呢？首先，顾佳本身对茶和中式生活不感兴趣，她的生活方式更偏向西式，既然她自己都不是典型用户，那么谁会相信她懂茶呢？谁会相信她的严选和把关呢？其次，她的性格比较雷厉风行，是一个营销型人才，应该是沉不下心来做产品的，如果不是因为受到感情的打击，她不会搬到茶山，而真正做产品的人，往往需要长期"泡"在原产地。

那么她适合什么路线呢？其实，她身上"独立女性""育儿达人"的标签很深入人心，可以从这两个方向入手，选择KOL和KOC之路。

如果走KOL路线，那么她可以做自媒体，在全网发布自己经营婚姻、育儿的故事和技巧心得。她从全职太太到独立女性的心路历程非常圈粉，以她的衣品、颜值和精致的生活品位，应该能在小红书、抖音或微博等平台吸引一大批粉丝，成为生活方式博主。至于变现，她可以靠时尚品牌、生活方式品牌、幼儿在线教育产品的广告费。

如果走KOC之路，那么她可以把邻居、孩子同学的家长等身边认可她品位的妈妈集合起来，建立一个妈妈社群，跟着她一起"买买买"，还可以组织沙龙，聊一聊女性成长、亲子关系等话题。

3. 钟晓芹

1）背景

一开始最没看点、最平凡的女主角钟晓芹，却在大结局给了观众最大的惊喜，成为逆袭的范本。她原本在某个商场的物业公司做市场部员工，平时主要负责活动策划和商户关系经营，在职场中没有太大竞争力和上升空间，她本身也没什么野心，改变的动力不大。没想到婚姻突生变故，状态低迷的她将写作作为自己的情绪宣泄口。工作之余，她在网络文学论坛中发布根据自己的经历改编的小说，没想到意外走红，第一本书的版权费就高达上百万元，随后辞职成为自由创作者。

2）个人事业方向探讨

继续写作靠版税赚钱是一条典型的 KOL 路线，不过正如她前夫所说的那样："你第一本书中的很多经历来自自己，如果没有新的经历、新的故事，那你还能写出第二本书吗？"如果晓芹继续当作家，靠版税赚钱，路就太窄了，只能拼天赋和灵感。

换个角度来看，她可以试试极致产品人路线，为希望利用写作开启"第二曲线"的职场内人士设计写作课程。她的"普通职场人利用写作逆袭"的励志故事很能圈粉，如果她可以形成自己的方法论，做成线上训练营，如"年入百万的写作特训营""通往自由撰稿人之路""通过写作开启职场'复业'"等，赚知识付费的钱，让怀揣自由撰稿人梦想的人来付费学习，相信会有更大的市场。加之她本身的性格也是乐于助人、不计得失的，做为他人赋能的事儿，相信她会更有成就感。

至此，《三十而已》中三位闺蜜的案例就分析完了，你可以按照上文的思路给自己规划一下。

自我练习：根据上文的三条路线，结合自己的热爱、优势和过去的积累，写出自己在三条路线中各有哪些变现方式，并进行可行性打分（假设满分为 10 分）。

小贴士：不要给自己设限，先大胆想（我的学生通常能写出十多种变现方式），这样你会觉得变现的方式有好多种，对自己充满信心。

路线	序号	变现方式	可行性打分
KOL	1		
KOL	2		
KOL	3		
KOC	1		
KOC	2		
KOC	3		
极致产品人	1		
极致产品人	2		
极致产品人	3		

2.4 化解中年危机：开启职场"复业"

30～40岁的职场人往往会不同程度地面临中年危机，通常表现为晋升遇到瓶颈，后劲儿不足，脑力和体力跟不上，经常因家庭事务而感到分身乏术，身后的年轻人穷追不舍，感觉年轻人会威胁到自己，从而产生焦虑、自我否定的负能量。

此时可能会出现两种情况。有些人想开启"第二曲线"，找到某个方向，低成本创业，换一种活法，给人生找到新的增长点。

还有些人其实并不想脱离平台和组织，只是觉得在工作上看不到进步，收入也停滞不前，毫无惊喜，想在工作之余找件事来做。这类人又分为两种情况，一种是在职场发展"复业"，也就是把原本就有的核心竞争力迁移到工作以外，获得另一份收入，在这个过程中可能会提高自己的知名度，"反哺"主业，让自己在公司里更受重用；另一种是单纯利用多余的时间，不但不会在能力上形成叠加，反而可能挤占发展主业的时间。从长远来看，我们更倡导职场"复业"。

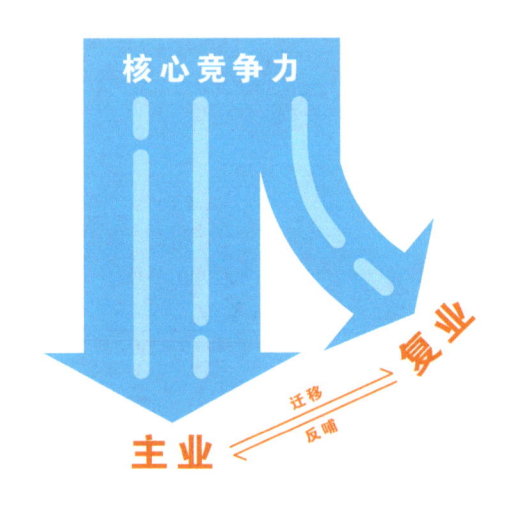

核心竞争力

主业 ← 迁移/反哺 → 复业

举个例子，我有一位学生是上海某公司的运营总监，业余喜欢理财，在上班期间理财是她的副业。随着工作越来越忙，影响到了身体健康。有一天她终于鼓起勇气辞职，想成为像我这样自由的人，开启"第二曲线"。结合她擅长理财和运营的优势，我建议她做理财方面的知识IP，当时港股打新形势好、收益高，她靠该专题课吸引了一批付费用户，成为理财讲师，开启了她的"第二曲线"。现在，她已经具备了自流量创业的雏形，收入超过了她在公司里的薪资，并且受得很多学生的尊重，找到了使命感，告别了职场中年危机。

"第二曲线"是混沌大学创办人李善友教授提出的一个思维模型。对于企业来说，**所有业务都会遭遇极限点，应适时放弃对现有业务的保护，把资源投入到"第二曲线"上，在"第一曲线"遭遇极限点之前开启"第二曲线"，形成新的"护城河"，否则会渐渐走向衰退。**

我发现，把这个模型用在个人职业发展上也非常合适。现在的职业只是你人生中的一段经历，不可避免地会遭遇极限点，当你在职场中越来越不快乐、上升空间有限、学不到新东西时，可能就是临近极限点的信号。此时，你需要适时放弃对当前舒适圈的保护，把精力投入到"第二曲线"上，让它带来新的增长，既可能是财务上的增长，也可能是成就感、幸福感上的增长。

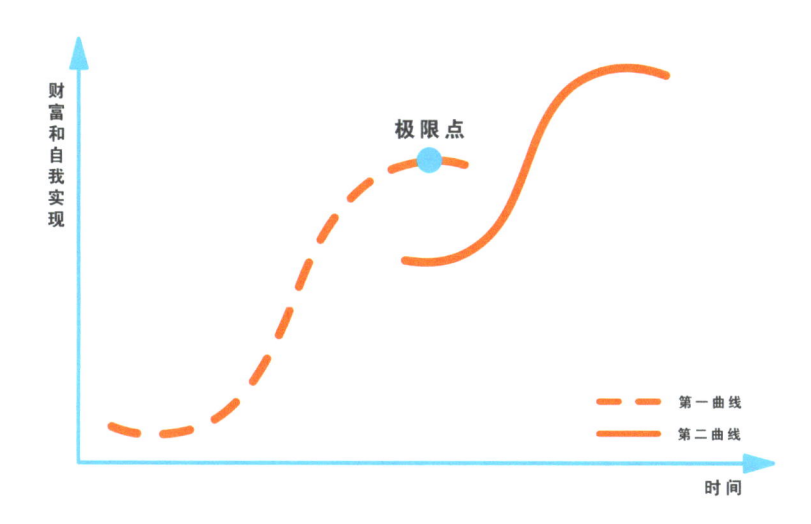

以下几个要点需要给大家强调一下。

1. 提前识别极限点

当你在职场中觉得成长得不够快的时候，就要警醒自己，通过精细化运营"第一曲线"推迟极限点到来的时间，同时捕捉"第二曲线"的苗头。

2. 跨越非连续性，敢于打破自我、重塑自我

上图中的两条曲线并不是头尾相连的，这启示我们以往的某些经验不能直接迁移到"第二曲线"上，需要通过充电学习、向人请教、试错、打破固有的思维定式等方式来迁移。在"第一曲线"上越成功的人，往往越难改变。即使

从阿里巴巴习得的经验也不能无缝迁移，在我现在的赚钱能力中，从阿里巴巴习得的能力只占10%，绝大部分能力是后续积累的。在这个过程中，可能会丢面子、受打击、不好意思，这些都是正常的，我们必须克服。常怀空杯心态，勇敢接受新事物吧！

3. 坚持到"第二曲线"的破局点

事物的开端往往没有那么顺利，开启"第二曲线"也会经历一个先抑后扬的过程。可能你投入了很多，却不见效，在这种情况下，只有坚持打磨、倾听市场反馈、持续投入，才能尽快让"第二曲线"昂扬上升。如果两条曲线一直是并行的，可能两边都做不好。

在开启"第二曲线"的过程中，你会习得一种驾驭不确定性的能力，面对未来人生中可能出现的"第三曲线""第四曲线"，依然能够从容应对，不再为时代变迁而焦虑，对丰富的人生体验满怀期待。

2.5 从"4P"到"5P"：绘制自己的营销模型

4P模型由美国营销学学者杰罗姆·麦卡锡于20世纪60年代提出，指的是"产品（Product）、价格（Price）、渠道（Place）、促销（Promotion）"四大营销组合策略。

在公司里，我们的工作范围可能只涉及某个"P"下的单点工作。当我们离开平台，把自己当成一个产品、一家公司来运营时，4P模型可以让我们站在更高的角度梳理自己的营销模型。

在移动社交时代，个人IP同样是营销模型中不可或缺的一环，所以我在4P模型的基础上增加了一个P（Personality，性格、人格魅力，与"个人IP"有相似之处），为4P模型赋予了移动社交时代的新内涵，形成了由我原创的"5P"模型。

5P	释义	关键词举例	代表案例
个人IP	一个人或一家公司的性格、价值观、创业初心、情怀故事等	有使命感，文艺自由，极致利他，苛刻完美，用户第一……	阿里巴巴马云 微信张小龙 苹果乔布斯 褚橙褚时健
产品	产品或服务方面的差异化特色；符合用户需求的产品矩阵	极致的用户体验，高颜值，智能科技感，极简，快速迭代，稀缺，微创新，天然健康……	苹果 海底捞 无印良品 喜茶
价格	定价和价格策略	轻奢，高性价比，消费升级，免费……	小米 网易严选 名创优品
渠道	用户在哪里购买产品	O2O，抖音，淘宝，拼多多，有赞，小鹅通，代理，社区门店，私域流量池……	钱大妈 樊登读书会 淘菜菜
推广	通过什么方式吸引用户的注意力、建立信任、促成成交	私域运营，KOL投放，跨界合作，社群营销，微信裂变，拼团砍价，直播，短视频……	完美日记 乐纯酸奶 瑞幸咖啡

在创建自己的营销模型时有两个难点，第一个难点是如何定义个人IP，第二个难点是如何区分很容易混淆的"渠道"和"推广"。

关于第一个难点，个人IP涵盖的范围很广，市面上没有统一的说法。我比较信服的一个定义来自做"中国IP第一课"的聂凡鼎老师：**在某个细分领域具有专业能力和独特价值观的影响力个体。**

简单来说，你要在专业上很厉害，有自己的价值观，并且能将其分享出去影响他人。要想让个人IP落地，需要用一些关键词显化它，这样，当你在描述社交媒体账号、选题和自我介绍时，能够紧扣关键词输出内容，更容易聚焦，让用户记住你。

我会让学生们在做作业时写出两类关键词，分别是**身份标签（你在专业上很厉害的证明、案例）和故事标签（你的情怀、价值观、初心故事、做过的趣事儿）**。以我为例，我想与十万名阿里巴巴的运营人不同，我想与成千上万名运营从业者不同，我想与传统的营销顾问不同。结合自身的特点，我给自己提炼了以下标签。

身份标签：自流量创业者，畅销书《我在阿里做运营》作者，"运营圈子计划"社群发起人，影响上万人的运营讲师。

故事标签："在阿里有地的女孩"，CCTV采访过的"斜杠青年"，民宿、旅行、生活方式类KOL，立志创办一所运营界的创新学校。

这些标签可以让我从一大群运营人中脱颖而出，更容易被人记住。

第二个需要着重说明的难点是"渠道"和"推广"的区别。

4P模型中的Promotion更倾向于"促销"，也就是价格上的让利，如买一赠一、第二件半价等。不过我认为这样的促销已经逐渐失效了，用户越来越无感。特别是需要打造个人IP的事业，应该少做促销，以免拉低个人IP的调性，应该多做内容和活动，即更高级的"推广"。渠道只是一条通路，一个用户下单结账的地方，除非在人流量很大的街区开店，那样的渠道才是自带流量的。

现实生活中，更多的情况是在渠道上搭载推广，这样用户才会愿意在你的渠道上成交。例如，淘宝是渠道，"双11"是推广；我从社群中将用户引流到线下门店成交，那么门店是渠道，社群引流是推广；通过抖音小店卖货是渠道，请网红直播带货或自己做短视频、做直播是推广。

不过在极少数情况下，两者之间有重合的地方，也就是又能做推广又能直接成交的地方，如私域流量池（下文会详细介绍，这里可以简单理解为"朋友圈+社群"），在私域流量池里维护用户是可以直接促成成交的，这种重合的地方是效率最高、最值得重视的。

一家公司，特别是初创公司，很难做到样样都出彩，只要把两三个"P"做出彩，就能被人记住，突破阈值，成为增长突破点，带动其他几个"P"。需要注意的是，做好某个"P"不是占领这个"P"下涵盖的所有关键词，而是占领两三个足以让人记住的关键词。

例如，苹果乔布斯个人IP中的"完美主义+极简主义（产品）"，小米的"高性价比（价格）+社群营销（推广）"，完美日记的"快速迭代（产品）+高性价比（价格）+私域营销（推广）"，喜茶的"高颜值和快速迭代（产品）+轻奢（价格）"，钱大妈的"不卖隔夜肉（产品）+门店遍布社区（渠道）+独特的价格政策'晚上19点后阶梯打折直到全部卖完'"。

大部分个体创业者的价格和渠道不太容易形成优势，应该更重视另外三个"P"，也就个人IP、产品和推广。以我为例，虽然我的产品价格不算便宜，渠道少，基本只运营私域，几乎没有分销商，但是我能把其他三个"P"做出亮点来。高频率的内容输出，能让人感觉到我的个人IP与其他运营人的不同之处，可以吸引"对味"的用户和助理；我的产品数量虽然不多，但是能满足典型用户的典型需求，并且我会倾听用户的意见，快速迭代，不断加入新的案例，让产品矩阵更丰满；在推广方面，"新媒体""社群""关键人营销"三线并进，成本低，转化率、复购率高。

我经常让学生做5P模型的作业，结合个人事业，把5个"P"下的关键词写出来。很多人在做作业的过程中才发现，原来自己有那么多没有思虑周全的地方，还有很多地方存在明显的疏漏。我建议大家把5P模型当作一种动态的工具，可以每隔半年更新一次，找到最优的、最适合自己的着力点，删掉看起来"高大上"的点，或者其他人做着有效但不适合自己的点。最终，你会发现，越简单清晰的5P模型越有力，越贴合自身。

你可以试着填写下表，定期迭代自己的营销模型。即使暂时写不完整或只会写一些术语，不清楚具体怎么做，也没关系，后续章节中会有更细致的解释。

自我练习：按照5P模型的思路绘制自己的营销模型。

5P	关键词描述	参考案例或对象
个人IP		
产品		
价格		
渠道		
推广		

第3章　自流量创业"从0到1"

自流量创业=个人IP+私域流量池+产品矩阵

在自流量创业的五年间，我经历了结婚育儿等人生大事，如何平衡工作和家庭是一个避无可避的难题。我一直尝试把个人事业的效率提到最高，尽快形成正循环，掌控自己的人生，否则可能会因为安全感不足而退回舒适区。如何把效率提到最高呢？必须有所取舍，只做最重要的事儿。大部分人的"第一曲线"是在公司里当"螺丝钉"，很难看到业务全局，不知道什么是最重要的事儿。即使像我这样曾经在一线互联网公司做运营的人，要想直接将公司里的运营经验迁移到个体身上，也会"水土不服"。

经过研究，我找到了在当今时代的个体运营中非常关键的几点，希望可以帮助你在精力有限的情况下，"快准狠"地找到最重要、最有复利的事儿。

3.1 "自流量创业金三角"模型

我在刚刚接触运营时，学到了一个能将大部分问题化繁为简的神奇公式。

销售额=流量 × 转化率 × 客单价

这些年，每当我遇到复杂棘手的问题时，都会运用这个神奇的公式寻找解决方法，往往有所收获。我试图通过这个公式找到影响个人创业的重要因子，经过研究，我惊喜地发现这个公式对个人同样适用，只不过对于没有在公司做过运营的人来说，"流量""转化率""客单价"理解起来可能比较难，并且三个因子中的影响因素也很多。

我尝试化繁为简，找到了在移动社交时代影响三个因子最重要的三件事。做好了这三件事，三个因子会向好，销售额自然也会提高。下面我们来一一解读。

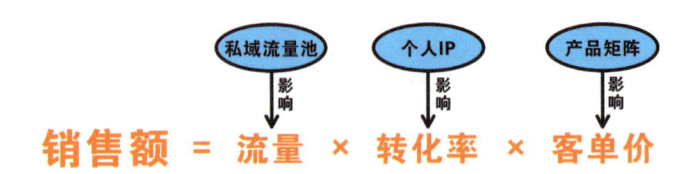

私域流量池（影响）　个人IP（影响）　产品矩阵（影响）

销售额 = 流量 × 转化率 × 客单价

首先，关于"流量"因子。对于公司，特别是早些年兴起的公司来说，往往更注重公域流量和线下流量，一提起"获取流量"，就想到各种渠道布点、合作置换、投放广告，五花八门，形式多样，几乎都需要花钱；对于个人事业来说，往往没有那么多钱和人力从外部获取流量。

在当今时代，流量的抓手是私域流量池，说得更直白一点就是个人微信号中的好友。当你推出某个产品或活动时，能够动用的资源其实有且仅有私域流量池，只有私域流量池可以随时为你所用，不要舍近求远，依赖不确定的流量。

当然，个别创业者运营公域的能力很强，把抖音、B站、小红书等账号已经做起来了，能够带来源源不断的流量，我们称为找到了"金水管"，这样的公域可以为私域锦上添花。不过，对于绝大部分不擅长做内容、不愿意出镜的人来说，很难在抖音、B站、小红书等典型公域平台获取流量，成功率较低，投入产出比较高。而且，即使找到了公域的"金水管"，依然需要运营私域，因为私域才是离成交最近的地方，特别是客单价较高的业务，在公域往往很难直接成交。

我建议大家把私域流量作为可以依赖的流量，通过社交传播扩大私域基数。如果有余力，可以拿出一部分时间运营公域，不要迷信公域账号的粉丝数。如果能把公域流量引流到私域最好，不能也不至于满盘皆输。

其次，关于"转化率"因子。以淘宝商家为例，影响转化率的因素特别多，如用户跳转路径、广告图、旺旺响应率、服务评分、产品详情页、有没有满减券、是否包邮、评价和买家秀等，个人创业者很难顾及这么多影响因素。那么，当下**影响转化率的抓手是什么呢？答案是"个人IP"**！

你有没有发现这样一种现象？有些社群群主或主播在卖某个产品时，虽然产品详情页的信息少得可怜，但是用户依然把对他们的信任转移到了产品上，直接下单，根本不像在公域中的陌生卖家那里购买产品时一样，比过去比过来，认真察看详情页上的细节，仔细寻找评论区的蛛丝马迹。之所以会这样，是因为个人IP代替了很多细节，颠覆了以往的选购流程，让用户直奔主题，卖家说买什么用户就买什么。

可见，个人IP的确是影响转化率的抓手。以我为例，虽然我有很多不足之处，如没有"高大上"的办公室和酷炫的公司介绍，谈合作时的穿着不是那么正式、有气场，报价也不算低，但是个人IP决定了我的转化率非常高。对方在和我见面之前已经对我的书、音频课、朋友圈和公众号等有好感了，他们信任我在社交媒体上塑造的形象，交流的时候会高效、顺畅许多。

最后，关于"客单价"因子。客单价指的是一段时间内用户在你这里花的钱，影响客单价的因素有产品定价、关联营销、复购率等，比较复杂。**我认为，在自流量创业中，影响客单价的抓手是产品矩阵**，也就是通过多样的产品满足用户在不同场景中的多样需求。

因为我们运营的是私域，走的是长期路线，所以不用急着在第一次成交的时候千方百计地塞给用户很多产品，甚至让用户买很多根本不需要、用不上的产品。一些传统销售很爱玩升单、逼单的套路，当用户清醒过来的时候，他们会觉得被坑了，不值，不但满意度不会很高，而且不会带来复购和转介绍，这就是"捡了芝麻，丢了西瓜"，损失了宝贵的用户口碑。

当我们要做长期生意，需要长期与用户建立连接、向用户输出价值的时候，我们看重的不应该是单次成交额，而应该是在一年甚至更长的时间内，自己是否形成了满足用户需求的产品矩阵。如果形成了这样的产品矩阵，那么我们可能并不需要多大的用户量，1个精细化运营的用户贡献的销售额就抵得过粗放运营的5个用户贡献的销售额。

记住，用户不是流量，而是需求的集合。

基于上文的分析，**我把影响销售额的三个因子转化为私域流量池、个人IP、产品矩阵，这就是我原创的"自流量创业金三角"**模型，三个角之间是互相联系、互相影响的关系。

```
        私域流量池
           ▲
          ╱ ╲
         ╱   ╲
        ╱自流量创业╲
        ╲ 金三角 ╱
         ╲   ╱
          ╲ ╱
    个人IP ◄──► 产品矩阵
```

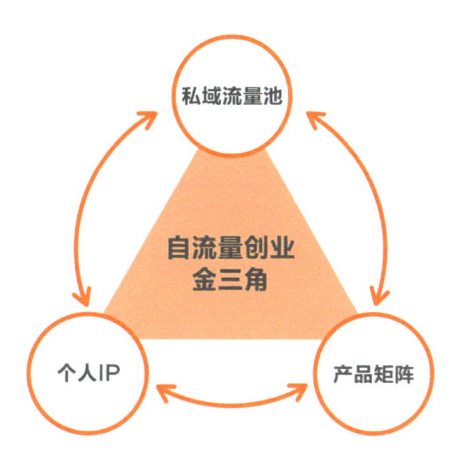

个人IP与私域流量池的关系：个人IP是提高私域流量池价值的杠杆，私域流量池是验证并成就个人IP的跳板。

例如，同样是拥有1000个好友的私域流量池，一个由默默无闻、毫无特色的素人来维护，另一个由特征明显、势能大、有温度的达人来维护，产生的价值差距是很大的。同时，个人IP不是一蹴而就的，特别是在初期，需要不断地萃取、显化个人IP并将其投入到私域流量池里进行验证，看看用户对自己有没有感知，还要根据用户的反馈进行微调，如放大自己的某个特点，或者弱化某个用户无感且与自己经营的事业无关的特点。

个人IP与产品矩阵的关系：个人IP是产品矩阵的金字招牌，产品矩阵是个人IP变现的试金石。

以前，我们买东西会认准著名大品牌；现在，越来越多"小而美"的品牌兴起，我们愿意给予用热爱做事的主理人一些信任和机会，个人就是产品活生生的金字招牌。与其花几十万元甚至上百万元打造一个全新的品牌（可能也激不起多大的水花），不如细水长流地打造个人IP，让用户见证并参与我们个人事业的成长。虽然个人IP很重要，但是不能闷头苦做，打造个人IP是没有终点的，没有一个节点可以评判是做成了还是没做成。在每个阶段，我们都可以基于用户的需求生产一些产品来试探市场，看看有没有人愿意为我们付费。

私域流量池与产品矩阵的关系：私域流量池是产品矩阵的卖场，产品矩阵是私域流量池的黏合剂。

以往我们可能只是在线上、线下等渠道看到某些大品牌的产品，直到亲身实践后才知道铺渠道是一件多么难的事儿，没有知名度的产品很难在线下打开市场，抢到好的展示位置。所以，自流量创业者的主卖场几乎只有私域流量池，要把它当成旗舰店，好好装饰，好好对待。

满足用户需求的产品矩阵不能让用户觉得过度营销，而应想他们所想，为他们节省搜索、比价、研究的时间。产品卖得越多，私域流量池中的用户黏性越强。买过3个产品的人会比只买过1个产品的人更了解你、支持你，用户买的产品越多，和你的关系越好，并且社群里也会有一些可聊的素材。否则，即使用户喜欢你，却没有产品让他们消费、体验，用户也会感到乏味，渐渐疏远你。

为什么有些人创业赚钱很轻松，有些人却觉得事倍功半，付出和收获不成正比呢？原因就在于此——三个角不平衡，只能跛着脚走路。

不是说三个角都要做到100分才能开始变现，也不是把某个角做到100分才开始补其他角。边赚钱边迭代的方法是找到一段时间内拖后腿的那个角，针对性突破，只要达到三个角都是60分的平衡状态，就算完成了事业"从0到1"的起步，就能变现了。接下来，把一个角做到70分，其他两个角跟上，形成一个70分的金三角。再把一个角做到80分，其他两个角跟上，形成一个80分的三角形。如此螺旋上升，每个阶段都比上个阶段变现能力强。你的事业底盘会越来越稳，单位时间价值会越来越高，个人事业也会越来越轻松。

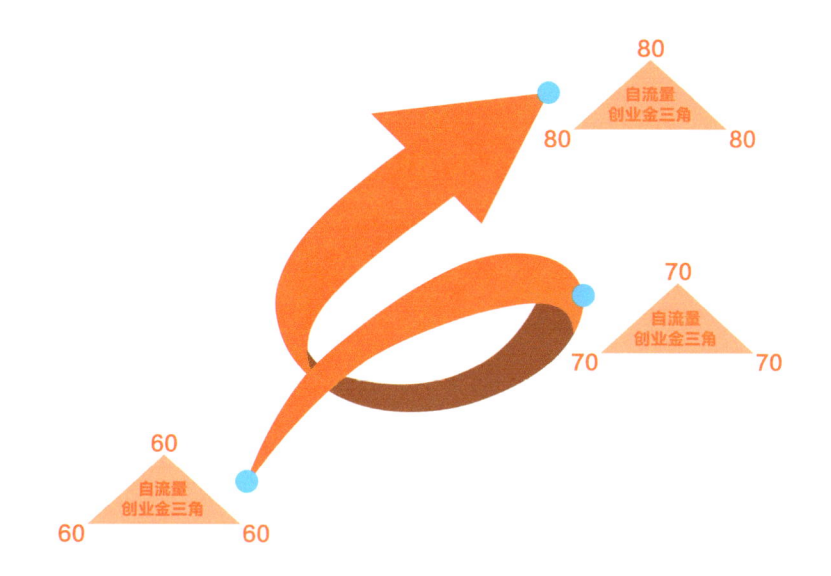

三个角都是60分的三角，与一个角是80分，另外两个角是四五十分的三角相比，变现能力更强。鉴于每个人打分的标准可能不一样，我来说一说三个角各自打60分的普遍标准吧。

"私域流量池"打60分的普遍标准：个人微信号中至少有1000人，并且大部分是被你输出的内容吸引而添加好友的，如看过你的文章、听过你的线上分享、因一起参与过线下沙龙而结识等，不能是没有任何交集、随便加的陌生人。

"个人IP"打60分的普遍标准：处于差异化的细分领域，在该领域内有著名公司的背书，或者有证书、学历加持，或者做出了拿得出手的案例，或者在某个社交平台上拥有超过5000个粉丝等，这些是你的身份标签。此外，你还要有自己的特质和热爱并适当放大它们，初步拥有自己的故事标签，如自由文艺、旅行民宿、自律健身、"宠娃狂魔"等，让私域流量池里的用户对你有所感知。

"产品矩阵"打60分的普遍标准：至少拥有一个打通了付费和交付全流程的产品且可以实现盈利，有30个以上付费用户，30%的用户有过转介绍或自发分享传播的行为，有让人一目了然的介绍产品的物料，如海报、推文、PDF、PPT等。

单看每一项标准，好像也不是很难，为什么你的变现还是没有成果呢？因为三个角不平衡，在"瘸腿"的情况下，很难实现健康轻松的增长。

如果你的个人IP扯后腿了，那么用户只会对你略有耳闻，并不亲近，信任度不够高，用户群死气沉沉。很多中介机构面临类似的问题，如一些家政服务公司和教育培训机构，如果无法打造自己的IP，那么用户很可能随着明星家政人员、明星授课老师的离开而离开，对中介机构并无感情，只是一锤子买卖，留不下来。

如果你的私域流量池扯后腿了，你的个人IP和产品就会"养在深闺人未识"，甚至有闭门造车之嫌，只能依赖外部渠道做分销，自己心里不踏实，更不能安享自由。

如果你的产品矩阵扯后腿了，就会发现用户虽然很想为你付费，但是不知道购买什么产品，或者购买了一次产品后没有其他产品来满足用户后续的需求，用户在你的私域流量池中继续待下去的兴趣就会衰减。其实，交易才是拉近距离的最佳方式，当用户用真金白银购买你的产品，感受到你的产品质量时，反而会产生更深的信任，愿意为你花更多的钱。

相比之下，第三种情况稍好一些。如果你有了个人IP和私域流量池，就自带高价值流量，不愁找不到好产品来合作，离变现已经很近了。对于自流量创业者来说，早期能否自己生产产品并不重要，只要能快速地为用户选货、组货，当用户的买手，就能形成交易闭环，很多妈妈社群的群主就是这样做的。不过到了后期，要有自己研发的产品作为"护城河"。

如果你现在什么基础都没有，无从下手，那么我更建议你先从私域流量池和个人IP入手，记住两者要一起做，抓住了用户需求后再形成产品矩阵。如果产品是基于用户的呼声生产出来的，可以缩短"冷启动"的时间，提高创业成功率。

很多人创业的顺序是先生产产品（特别是某些实体店或App，需要花很多钱和时间才能成形），再打造私域流量池和个人IP。这样"冷启动"的时间会很长，往往钱花完了，还没找到PMF（Product Market Fit，指产品和市场需求达到契合点）。这也是大部分创业公司失败的原因。

接下来，我们一一认识一下三个影响因子和每个因子的注意点。

3.2　个人IP

个人IP不是为了卖货而打造的，我认为它是一种认识自己、分享自己，找到并影响同类人的天赋。**个人IP的开始是自我觉知，把你的价值观传播到茫茫宇宙之中，像一束光一样，让人看到并慢慢靠近，彼此再也不用在黑暗中踽踽独行。**

个人IP的开始是自我觉知

3.2.1 为什么要打造个人IP

对于职场人：增加不可替代性。

很多职场人缺少打造个人IP的意识，觉得领导还没出风头，自己冒出来不合适，怕领导误会自己有二心。其实，如果你只是某家公司的普通员工，会有多少势能呢？如何从十万名阿里巴巴的运营人，甚至全国上百万名运营人中脱颖而出呢？我当年也是如此，以至于我在离开大厂后寻找自己的身份标签时，除了"阿里巴巴前运营人"，竟然想不出其他更好的标签！如果能回到过去，我希望我早点有打造个人IP的意识，最好在不急于实现商业变现前打造，这样既不会让自己心慌，也不会有太强的目的性，能够更好地获得用户的信任。

对于创业者：低成本找到种子用户、获取流量。

如果你做不到自带流量，创业就会举步维艰。提前打造个人IP，可以让你在创业前找到志同道合的人，在启动项目后可能马上就能找到种子用户，快速起盘，这样自然比获取新的付费用户的成本低很多。很多创业者会先做某件利他的事，等形成了一定的个人IP后，再在用户的呼声中开始创业，水到渠成，人心所向，与先开始创业再打造个人IP、圈粉转化相比，这样做会轻松许多。

对于自由职业者：更低的信任成本，更强的议价能力。

我在离开平台时还不知道"自流量创业者"这个概念，于是把自己当作自由职业者，只不过是有一点个人IP的自由职业者。我发现，与一般的单纯靠打零工接翻译、文案、摄影等工作的自由职业者相比，我拥有更低的信任成本和更强的议价能力。他人在与我洽谈前，通常会翻一下我的朋友圈，快速了解我并形成一个良好的初始印象；当其他知识付费从业者需要走多轮流程、比稿、提供方案时，我可以缩短谈判路径，并且不接受讨价还价。这些对没有平台撑腰的自由职业者来说很重要，自由职业者必须用个人IP给自己撑腰，否则只是看上去自由，实际上受制于甲方，身心俱疲。

个人IP能让你有觉知地活着，思考"我是谁""我有什么独特性""我有什么核心竞争力""我有什么具有吸引力的标签"，确实很"烧脑"，但是活得越来越清晰的感觉真的很好，早一点探索自我，探索人生的多种可能性，不枉来世间一趟。

总之，打造个人IP的目标可以慢慢想，不过越早开始越好，厚积薄发，在与用户接触和倾听用户反馈的基础上不断迭代。

3.2.2 个人IP显化

在第2章中介绍5P模型的时候,提到过个人IP的定义,即**在某个细分领域具有专业能力和独特价值观的影响力个体**。

在实际工作场景中,我们还需要显化个人IP。我之所以用"显化",是因为个人IP不是凭空捏造的,而是我们本身就有的特质,将其提炼、放大、扩散,会更原生态、更持久。你可以从以下几个方面显化并让用户感知到你的个人IP。

身份标签和故事标签:提炼你的身份标签和故事标签,证明你很厉害,而且厉害得有特点,可以用于自我介绍和形成社交媒体账号的内容矩阵。

缝隙市场:找到非你莫属的市场,即其他公司看不上,但你拥有特别优势的市场,通常是在垂直市场的基础上"砍两刀"而形成的。例如,在一开始,我对于做创业公司的运营顾问很不自信,于是我在"创业公司"的基础上"砍了两刀",缩小范围,专注于服务获得A轮融资前的文旅生活方式类公司,先把缝隙市场做好再扩展。

目标人群画像:在找到缝隙市场之后,你就能更准确地说出谁是你的目标人群了。在精力有限的情况下,你会更清楚要针对哪类人群发声,你知道你的用户在哪儿,他们有什么痛点和需求。目标人群画像对引流、内容选题、用户访谈都很有帮助。

为目标人群提供的核心价值:目标人群的需求很多,选择也很多,他们凭什么为你付费?换言之,你能为目标人群提供的核心价值是什么?想清楚这个问题，在设计产品详情页和话术等场景中，可以写出戳中用户的文案。

使命：使命就是你存在的意义，不全是为了钱，而应强调利他性。使命是个人IP的底色，有使命支撑的个人IP，即使处于变化探索之中，也是统一协调的，是能被目标用户接受的；没有使命支撑的个人IP没有根基。我的使命是"让运营回归人性，创办一所运营界的创新学校"，基于此，即使我的身份标签有些微调，我和用户也不会觉得违背初心，产生割裂、虚假感。

价值观：你用什么完成自己的使命？你秉持的态度、原则、主张是什么？基于价值观，他人会感受到你的风格。

穿着风格：杨天真在混沌大学的课程"建立个人品牌，做自己的经纪人"里提到，"穿什么衣服，说什么样的话，做什么样的事儿，决定了你是什么样的人"，其中"穿什么"是视觉输出，是最容易被直接感知到的，对自我定位的内外契合有很大的帮助。人们通常会根据穿着对他人贴标签，得体的穿着能给他人留下良好、深刻的第一印象。如果你的穿着风格与你的身份标签、故事标签吻合，就会加分不少。我的学生里有不少人是做形象设计的，我很乐于听取他们的建议。慢慢地，我意识到自己更适合法式田园风和英伦学院风，在正式场合穿正装时，我偏爱更温柔的莫兰迪色系，在衬衣或裙子的花色上体现一点自然田园的气息，这样会产生与其他一本正经、西装革履的讲师不一样的感觉。在显化个人IP时，取舍是很重要的，适当的限制才是自由，过多标签等于没有标签，不做其他事情意味着把你真正要做的事情做得更精。

掌握了以上要点，你就不会东一榔头西一棒槌地盲目输出、展示自己，更能抓住重点。每个人的"广告位"都是有限的，每个用户接收的信息量也都是有限的。当你更清楚自己在每一次亮相时想展现什么，你在用户心目中的形象会更清晰、更差异化。

3.2.3 个人IP一以贯之

很多人虽然有打造个人IP的意识，但是没有刻意训练，做不到言行一致，一不小心就会给人一种"挂羊头，卖狗肉"的感觉。**你应该带着个人IP做所有有助于增长的事儿，并且在与用户接触的每一个触点上将个人IP一以贯之。**你要做有1000个铁杆粉丝的人，而不是有100万个普通用户的人，必须从一开始就形成辨识度，让粉丝知道他们喜欢的是一个什么样的人，这才是长期主义的打法。

在如今的全媒体时代，不是只靠一次曝光就能获得信任、顺利成交的，只有让用户随时能在不同平台看到你的账号，在不同场合遇见你，一次次加深、巩固用户的信任，才会促成成交。

需要强调的是，在公域和私域展示出来的个人IP应该是一以贯之的。虽然有些人把公域运营得很好，如在小红书、抖音、B站中塑造"高大上"的人设，但是在把用户引到私域后，常常由销售人员、客服人员或助理在背后答疑、互动、卖货。用户在公域感觉很好，到了私域却一下子觉得心凉了半截儿，这样会很难转化用户。

另一种情况刚好相反，有些人从公域引流时简单粗暴，如通过送东西、地推、发红包引流，没有介绍清楚自己是谁，能为用户提供什么样的价值，即使把用户引入私域，在用户的心目中也没有个人IP，势能很小，如果想通过后续的朋友圈重塑形象，就会很难。

所以，从公域到私域要一以贯之，即使不是个人 IP 的打造者本人用微信号回复，也要提前让团队明确应该做什么、说什么和不应该做什么、说什么，让全员对个人 IP 达成共识。

3.2.4　个人 IP 持续迭代

有些学生说："老师，我已经不敢发朋友圈了。我把朋友圈都清空了，就等着你告诉我，我的标签是什么，我应该怎么打造朋友圈的内容，等我确定了这些再开始。"这种想法是不对的。打造个人 IP 是一件不破不立的事儿，需要不断地"立"，以及不断输送到用户群体中来"破"，也就是验证和迭代。

在五年以前，我还没听说过"个人 IP"这个词，不过我一直在探索自我，不想和其他人一样活得浑浑噩噩。虽然我当时没有提炼出几个具体的词作为自己的标签，但是我的很多朋友会这样形容我——"文艺、自由、敢想敢做、不受约束、对自己有要求、关注个人成长"；而在特长方面，我的关键词是"运营、旅行、写作"。

这些词对我后续提炼自己的个人 IP 非常有用。它们是我苦思冥想出来的吗？当然不是啦！它们是我由内而外抒发了很多情感，发了很多条走心的朋友圈，写了很多篇文章，与很多人交谈过，才在这个世界里留下的一丝痕迹，得到的一些回应和反馈。

我的第一批私域流量帮我验证了最初的个人 IP 方向。当我发现它的影响是正面的，既能圈粉又能让自己很舒服，并且我对在相关领域持续产出内容很有天赋时，我便强化、放大、外显我的个人 IP，并给自己贴标签。

如果中途需要微调甚至改变方向，应该怎么办呢？这太正常了，不要有偶像包袱，你的朋友圈里才有几百上千人，怕什么？没有人会天天盯着你，你换个头像、换个签名，其实没有那么引人关注。只要你能输出正能量且可以引领生活方式的价值，那么你的改变至少不会减分。至于在哪个细分领域里深耕，这个问题确实需要时间来验证，需要一定的阅历。

不要缩手缩脚不敢做，或者只做了几天觉得没效果就放弃了。如果真的那么容易，你还有什么机会？

探索、输出、试错的阶段虽然很孤独，但这是每个人的必经之路。

真正被你吸引的粉丝，愿意看着你成长，并且乐于接受你的不完美。

3.3 私域流量池

3.3.1 什么是私域流量池

很多人向我提出他们的困惑："我有几万人甚至几十万人的私域流量池，为什么无法变现？"我笑而不语，反问他们那些人是怎么加进来的。不是只要加到个人微信号或社群里的人就是私域流量，只有**有信任基础，可以反复触达，随时都能为我所用的用户留存的地方，才是私域流量池**。否则，公域和私域没有多大差别，即使用户进入私域，也和你形同陌路，成交还是拼概率，没有把握。

与私域流量相反的是公域流量，如淘宝、百度、大众点评、抖音等平台上的流量，以及经过线下门店的人流，都属于弱关系的公域流量。公域流量既可能偶尔刷到你，也可能被系统算法推荐给你的竞争对手，对创业者来说是不太有安全感的流量。

目前，比较值得运营的私域是微信生态圈，既可以发布内容，又可以运营社群，还可以促成成交，三位一体，形成闭环，把用户"拿捏"得死死的。

微信8.0版本问世，把个人号好友上限从5000人提高到了1万人，这对个体创业者而言是很大的利好。个人号是承接用户的首选，先让用户在个人号上通过私聊和朋友圈建立信任基础，之后无论是向社群引流，还是向小程序、公众号、视频号引流，都会容易得多。

虽然自主开发的App也属于私域，但是投入较大且运维成本较高，不建议普通创业者尝试。

3.3.2 私域流量池的好处

第一，拥有了私域流量池，就拥有了可随时启用、反复触达的低成本广告位。投放过广告的人应该对流量价格很敏感。例如，投放CPC（Cost Per Click，按单次点击付费）广告，要想让广告被点击一下，我们可能需要花1元甚至更多钱；投放CPM（Cost Per Mille，按千次展现付费）广告，要想让广告曝光1000次，大概需要花几十元到100多元。可以算一算，如果把拥有5000个用户的朋友圈运营好，一个月可以帮你节约多少广告费。而且，及时性很重要，有些时候我们需要追热点，这时首先被点燃的就是自己的私域流量池，如果全靠投放广告来推广，那么在你准备素材、等待审核时，最好的时机可能已经错过了。

第二，拥有了私域流量池，就能挖掘更多用户需求。用户已经确认的需求仅占全部用户需求的10%，为满足这部分需求，他们会去淘宝等公域搜索、购买产品；而90%的用户需求是在社交关系中产生的，用户的很多购物需求是在刷朋友圈或逛社群时，突然被"种草""安利"，才临时起意决定购买相应产品的。如果能让用户在你的私域停留更长的时间，抢占用户更多的注意力，你就有机会卖出更多的产品。

第三，拥有了私域流量池，社交关系就能裂变。与公域流量的价值相比，私域好友的价值更高。微信自带社交关系链，如果好友帮你转发了朋友圈，相当于为你做了信任背书，解决了电商中非常重要的信任问题，能够降低拉新成本，提高转化率。

第四，拥有了私域流量池，就能用私域流量撬动公域流量。在平台工作过的人应该比较清楚，其实平台自身也很难获取流量，所以不会无缘无故分给商家流量，除非你能证明自己是一个好商家。"好商家"的定义是什么呢？用指标来表示就是点击率高、转化率高、复购率高、好评率高等。假设我们能在某个冲刺时期把私域流量向淘宝或大众点评等公域引流，就可以达到"刷单"的效果，并且这些流量是真实的，不会因为虚假引流而被处罚。这样，平台的算法会判定你是一个好商家，将更多的公域流量分给你，达到用私域流量撬动公域流量的效果。运营抖音、视频号、小红书等账号也是同样的道理，在发布内容之后，如果私域的用户能进行点赞、评论等操作，那么你的内容会更容易出圈走红。

第五，拥有了私域流量池，就能直面用户，培养网感和用户洞察力。 以前，运营人员运营的主要是渠道或流量，而不是鲜活的用户，运营人员对用户的喜怒哀乐、情绪和需求的感知是很有限的。现在，一个个活生生的用户在你的私域流量池里，既可能在社群里，也可能在朋友圈里，你和用户之间的距离近了很多，拿不准的问题可以直接询问用户。你还可以观察用户的朋友圈转发哪些内容，他们关注哪些公众号，你的哪类朋友圈内容得到的点赞、评论比较多，在群内讨论哪些话题的活跃度比较高等，培养自己的网感和用户洞察力。

3.3.3 打造有个人IP的高价值私域流量池

没有个人IP的人运营私域是体力活，投入产出比不理想。有个人IP的人运营私域，是一件投入产出比很理想的事儿。

有个人IP的私域流量池是高价值私域流量池。如何打造高价值私域流量池呢？你需要注意以下几点。

1. 带着个人IP从公域获取"湿流量"

获取用户的方法有很多种，切记宗旨是价值观吸引、内容筛选、被动引流优先。

对个体而言，好友的质是大于量的。我们不是自动化工作的机器人，先把流量引入私域再筛选是很耗费精力的，如果遇到不合适的人，可能还会打击你的自信心，影响心情。

被你的个人IP浸润，信任你，对你放下防备和警惕，愿意接受你思想的流量是"湿流量"，与之相反的是容易产生摩擦、对抗且容易流失的"干流量"。

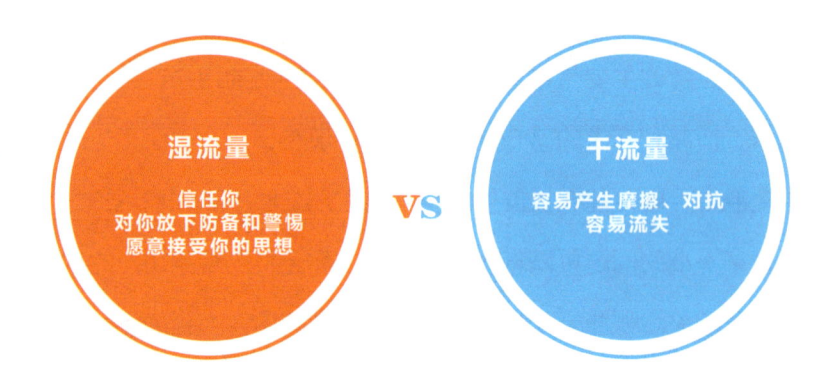

湿流量
信任你
对你放下防备和警惕
愿意接受你的思想

VS

干流量
容易产生摩擦、对抗
容易流失

在公域里充斥着大量"干流量"，在向私域引流的时候，你要影响、过滤这些"干流量"。就像安装了一个净水器一样，净水器虽然会让流量变小，但是也会让流下的水更纯净。

怎么做才能起到净水器的效果呢？答案是在合适的渠道输出合适的内容。

第一种情况是去目标人群聚集的地方吸引流量，如对做家庭教育的人来说，众多育儿类社群就是目标人群聚集的地方，虽然人数较少，但是胜在精准。对我来说，"人人都是产品经理"这个网站就是这样的地方，虽然流量不大，但是聚集了很多潜在用户，每次发文都能吸引对我感兴趣的用户主动加我。

第二种情况是去人群体量大而广泛的地方，通过输出符合个人IP的内容（形式不限于图文、视频），吸引泛流量中认可你观点的人，而不是迎合泛流量，只想着做爆款，却忘了自己是谁。对我来说，小红书就是这样的地方，虽然这里以分享美妆穿搭、生活方式为主，但是其中也有希望一边带娃一边做事业的想自流量创业的女性，通过持续输出这类内容，我可以从这个"大池子"里吸引属于我的粉丝。

2. 用户分层，互动留存，自然成交

互动留存是传统销售流程中很容易忽略的环节。在传统销售流程中，销售人员通常节奏较快，想在短时间内转化用户，没有转化成功的用户就放弃。在用户犹豫不决、转化时机还不成熟的时候，他们通常会采取各种逼单的手段。然而，现在的用户不喜欢被推着走，更喜欢自己获取信息，做出判断。**互动留存就是利用各种手段（主要是提供价值）获取用户的信任，把用户送到转化环节**，而非一味采取私聊、逼单、电话营销等简单粗暴的手段。

你可以把用户想象成"牛排"。用户在刚进入私域时，即使被你的个人IP吸引，通常也不是直接就可以成交的。对于"三分熟""五分熟""七分熟"等"火候"不同的用户，你需要呈现不同的内容，循序渐进，持续提供火力，让用户变成"十分熟"。这与种植瓜果很类似，一棵树上有成熟度不同的果子，你要做的是提供养分，让用户"自然成熟"，而不是被"催熟"，毕竟强扭的瓜不甜。

用户不成交的原因往往是你提供的养分不够、对你的信任不够，而不是价格不够便宜。只有对于"七分熟"以上的用户来说，价格优惠可能是踢出临门一脚的催熟剂，而对于更多"三分熟""五分熟"的用户来说，他们更需要你持续"种草"，消除他们的疑虑。

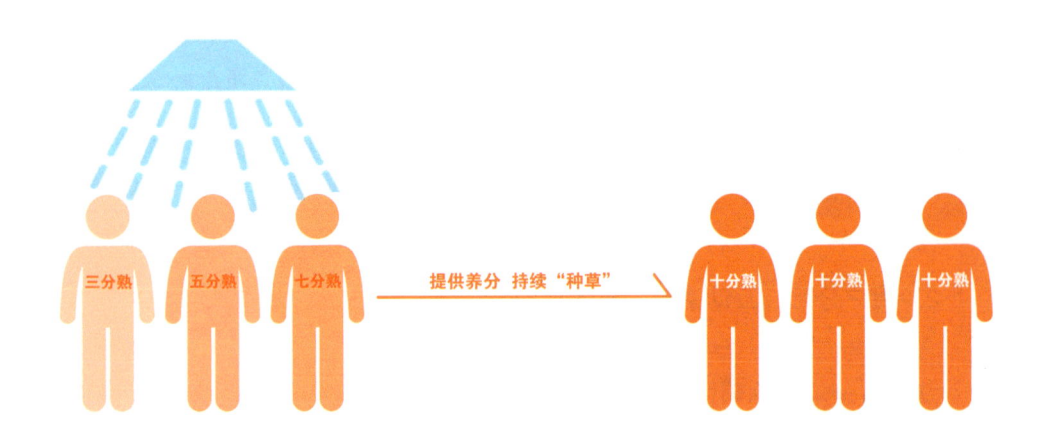

[图：三分熟、五分熟、七分熟的用户经过"提供养分 持续'种草'"后变为十分熟、十分熟、十分熟]

我们作为用户，应该也有过类似的经历：当你不想购买某个产品的时候，即使再打折也没有用，如果销售人员反复用价格劝你购买，你反而会产生逆反心理，甚至拉黑对方。

可以给用户"种草"哪些内容呢？"种草"的地方又在哪里呢？

进入私域，朋友圈和社群就是你给用户"种草"的地方。你可以持续给用户"种草"以下内容，消除用户的疑虑，促成成交。

① "牛人"背书，放大势能。

② 成功案例，消除疑虑。

③ 展示拥有产品后的美好，有产品和没有产品的对比，唤起用户想拥有产品的欲望。

④ 展示很多厉害的人在购买你的产品，产生从众效应。

更具体的社群运营和朋友圈运营技巧将在第4章详细介绍。

3.4 产品矩阵

产品矩阵可以晚一点形成，但是不能没有。如果你有了私域流量池和个人IP，却一直帮其他人卖货，只赚取一点佣金或广告费，那么你其实是在"为他人作嫁衣裳"，不停地向外导出用户。而且，因为产品不是自主研发的，所以不能淋漓尽致地展示你的品位和价值观。例如，你的个人IP是"极致挑剔的母婴博主"，可在卖货的时候往往会选佣金较高的产品供应商，如果产品没有那么极致，那么卖这样的货很可能会损伤你的个人IP；当你想卖极致且热门的货时，可能佣金很低，或者与其他大博主相比拿不到最好的价格，或者品牌方根本不愁卖不出货。如果能自主研发产品，将流量和个人IP转移到自己的产品上，会更长久一些。

研发产品的确很难，实物类产品还涉及设计、选料、工厂选址、物流和仓储等环节。我建议，如果你有选择，可以先研发无形的知识产品，不要先重仓投入研发实物类产品。

3.4.1 知识萃取

近年来，随着知识付费、知识IP的兴起，"知识萃取"一词被越来越多地提及。萃取含有提炼精华的意思，萃取技术是对个人和组织的最佳实践进行提炼、分析、总结、表达、应用的一套技术。

以前，知识萃取主要用于团队内部，如萃取销冠的经验在团队内部分享、沉淀。现在，越来越多的人学习知识萃取，做分享、做培训，不但能提升个人IP的价值，而且能将经验变成产品流通出售，赚取利润，如果是版权类产品，还能获得被动收入。

知识萃取与一般周会、月会、年会经验总结的区别，就像攻略与游记的区别一样。

经验总结的要求不高，可以随意、散乱一点，只要自己能用就行；知识萃取的要求较高，需要有系统化的知识体系，最好能形成方法论，浓缩成工具，让其他人也能看得懂、用得着。就像拿着一篇游记很难玩出同样的精彩体验一样，因为游记中感性的、个人的、碎片化的东西太多了。如果拿着一篇详尽的攻略，那么更有可能重现一次精彩的旅行。知识萃取的过程很痛苦，不过更有获得感，对他人来说也更有价值。因为利他，所以传播性更高，生命力更强，更不容易过时。

我建议大家无论是否做知识IP，都可以定期进行知识萃取，既可以在主业中萃取，也可以在"复业"中萃取，既可以是兴趣爱好，也可以是生活内容，通过朋友圈等社交媒体把它们分享出去，我相信你的影响力一定会上升。

知识萃取的过程主要分为以下三步。

第一步：填写知识萃取定位表，明确萃取物。

萃取物	参考范例	填写内容
经验名称	如何推动跨部门合作	
经验萃取背景	行业或公司层面，人员无经验或经验流失	
经验使用人员	城市经理	
经验所属类型	知识、技能、态度	
经验使用方向	跨部门同事沟通时使用	
经验内容时长	时间或字数，如3小时	
经验萃取类型	流程、工具、方法、口诀、模型	
经验呈现方式	微课、短课、大课、案例、手册、图书、视频、音频	
经验推广时机	新员工培训时推广	
经验使用价值	提高工作效率，提高工作质量	

第二步：按照STAR法则梳理成就事件。

● **Situation** 事件发生的背景（时间、地点）
● **Task** 面临的任务、目标（数据化）
● **Action** 采取的行动（分步骤进行）
● **Result** 取得的结果（数据化）

第三步：采用三种方法得到萃取物。

漏斗法："盘点步骤—五重过滤（选出高频、重要、充分使用、熟练、独特的经验）—有效评估—形成案例"。

牛招法："成功个案—找出关键—个案牛招—评估牛招—拆分牛招细节"。

归纳法："多个案例—拆分流程—总结共性"。

你可以结合以上三种方法。我在萃取他人经验的时候会采用漏斗法，在萃取自己的经验进行分享时会采用牛招法，在研究某个理论时会采用归纳法。

3.4.2 知识产品化形成矩阵

知识被萃取出来后可能是一篇文章、一份PPT或一张思维导图，与在市场上流通变现之间还有一定的距离，需要完成知识产品化的过程。知识产品化是指把知识变成用户可以受益的产品，能够流通、买卖，你要知道你服务的对象是谁，需要满足他们的哪些需求，用户需要付出什么、能够获得什么，以及产品交付的过程是什么样的。

萃取出来的知识可以变成多种产品，互为补充，形成矩阵，满足不同用户的不同需求，实现效益最大化。就像从鲜花里萃取出精油，精油又可以做成各种产品一样。

假设采用上文提到的归纳法，从我帮助100位职场人开启"第二曲线"的经验中萃取出一套方法论，我可以将其变成哪些产品呢？

① 微咨询：以较低的价格对用户进行一对一短时间咨询，满足用户"短平快"解决具体问题的需求。

② 付费社群：当你具有一定的号召力时，可以运用生态化思维建立一个

低门槛付费社群，满足同类用户希望有一个相对纯净的空间，高质量获取人脉或商机的需求。

③ 线上训练营：当你积累了一定的目标群体，并且他们有一定时间的线上系统学习或陪伴督学需求时，你可以推出线上训练营。线上训练营的交付比微咨询更"重"，比普通付费社群的强度更大。

④ 线下训练营：当你有了一定的线上用户量时，可以在主要城市巡回开办线下训练营，满足喜欢线下氛围，需要由他人督促自己吸收知识或想与老师面对面交流的用户的需求。线下训练营的价格通常比线上训练营更高。

⑤ 版权：当你在大量案例中找到某些共性问题，又因时间成本较高不能一一解决这些问题时，可以形成版权（如音频课、书等），批量影响更多用户，满足用户以低成本获取体系化知识的需求。

3.4.3　产品矩阵的定价

在产品矩阵中，不能只根据价格的不同，把产品强制区分为引流款、利润款、形象款，而应从用户需求出发。并且，产品之间是可以互相导流的，不是"N选一"的关系，用户可能会复购不同产品。

例如，对于上文的产品形式，需求量大且能最大化满足用户需求的产品是书。我不需要持续投入时间和精力，就可以把书作为引流款，书的定价最便宜，看完书后进入私域的用户属于我的"湿流量"，如果他们有更多的学习需求，那么可以通过其他产品来满足。

不过，只靠书的版权收入肯定是有限的，我还需要有利润款，如线下训练营。形象款是数量少但利润高的产品，能够提升我的品牌形象，如我的顾问班用10个月孵化垂直行业的运营顾问，虽然用户需求量不大且筛选门槛高，但是利润比较高，并且我能利用它找到潜力股，孵化成功案例。

我们再说一说如何对产品矩阵定价。引流款的定价通常在100元以内，允许让利，把利润压到最低，可以拿出一部分营销费用补贴用户，或者在做活动时主推引流款等，让用户有"赚到了""占便宜"的感觉；利润款的定价需要考虑自己的成本，对于知识IP来说主要是时间成本，算一下用同样的时间做其他事情值多少钱，就能确定利润款的定价了；形象款的定价和成本关系不大，主要看目标对象的档次，对于某些用户，如果产品价格达不到某个档次，他们反而觉得不靠谱，不敢购买，并且形象款的高溢价能够衬托出引流款和利润款的划算。

3.5　我的案例：用两年布局"自流量创业金三角"

在2016—2017年，我用两年时间布局了"自流量创业金三角"，获得了超过职场内的收入。

我的私域流量池和个人IP几乎是同时开始打造的。如果一件事情既能提升个人IP，又能让我把粉丝引入私域流量池，就是优先级最高的事情；如果只能做到其中一点，那么这件事情的优先级次之；如果两点都不能做到，那么这件事情的优先级最低，尽量不做。不同优先级的事情如下。

优先级高：公众号持续输出；受邀做嘉宾，在线下分享或在其他社群内分享；一对多付费授课。

优先级中：接受他人的采访并发在对方的公众号上（虽然能提升个人IP但是不能放自己的二维码引流）；一对一付费咨询。

优先级低：运营今日头条、抖音等平台（不容易吸引我的目标群体且很难向外引流）。

我以"把用户加到个人微信号中"为用户进入私域的标志性动作，这样既便于统计，也更让人安心。虽然公众号同样属于我的私域，不过自2016年开始，我明显感觉到公众号的打开率持续走低，并且已经成为不可逆的趋势。

与公众号相比，个人号离交易更近、互动更多，我可以掌握用户画像、用户需求，迭代产品，所以我在全网用个人号承接潜在用户，而不是公众号。

当我的私域接得住用户以后，我需要花精力寻找可以引流的公域渠道。怎么选择适合我的公域渠道呢？

在我的受众中，一部分是运营从业者，我会在知乎、"人人都是产品经理"网站、鸟哥笔记等可以投稿写专栏的平台发布运营类文章，回答问题，在账号介绍的地方透露公众号或个人微信号，将这部分流量引入私域；我的另一部分受众是自由职业者和"轻创业"的妈妈等，我会在小红书、视频号等平台发布自己一边工作一边带娃的日常，以及适合妈妈的灵活创业方式等；还有一部分受众是创业者，我会受邀做嘉宾，参加一些行业内的沙龙做分享，或者在混沌大学作为优秀学员进行直播等。

有些人嫌加人麻烦，希望用户问都不问直接付费。这种想法是不现实的。**我的方法是利用文章、线上沙龙、线上课和口碑推荐吸引"湿流量"，这些流量被我的思想浸润过，我更容易获得他们的信任。**当我的私域流量较多，维护不过来时，我会更加控制泛流量的引入，如先利用公众号或产品详情页过滤一下，再将购买产品的流量引入私域进行维护。在前期，我建议直接将流量引入个人号，减少流失。

在将流量引入私域后，我的朋友圈会延续个人IP，持续输出符合个人IP的内容，主线和运营、创业、低成本营销、咨询案例相关，副线和育儿、旅行、自由职业相关。我的标志性栏目有#日行一善#（展示我善于连接，为学员提供资源人脉附加值），#咨询笔记#（分享我在咨询中遇到的共性问题，帮朋友圈好友避坑）和#运营+#（分享传统企业转型的思维和方法）。在这些内容中，50%是提供价值，塑造权威、可信任的形象；30%是展示自由、文艺、会生活的亲和形象；硬广的占比控制在20%以内。

我的私域不仅限于朋友圈，还有社群。与朋友圈相比，社群有更多的即时互动，可以彼此影响，而不是只靠我一个人影响私域里的上万人。

我会把具有某些共同特征的人加入对应的社群内，而不是把所有人都加入一个社群，统称为"粉丝群"并标注序号1、2、3。虽然很多博主、主播、知识IP是这么做的，但是这不符合我精细化运营的理念。

我有自己的社群矩阵布局。视频号互相点赞、女性运营人、亲子育儿、自流量人生、文案、理财等社群是"轻运营"的免费社群，此外，我还有一个"重运营"的付费社群"运营圈子计划"，每个月都会举办四五场活动。这些社群基本上是靠志愿者运营的，我需要做的是培养、赋能志愿者，搭建志愿者成长体系。

在2017年，我已经有了1万人的私域流量池，我的个人IP在成都的运营界属于头部，知名度还不错，但是赚钱并不轻松。基于"自流量创业金三角"模型分析当时的情况，问题出在没有合理的产品矩阵上。我当时的产品矩阵如下。

① "运营圈子计划"社群：199元/年。

② 一对一微咨询：499元/小时。

③ 运营"私塾"课：2000元/期/位。

④ 为其他知识IP在成都落地线下课：一场课收入1万元，不过沟通、筹备、招生、落地的时间很长，单位时间价值低。

在我当时的产品矩阵中，既没有能上量的引流款，也没有真正的利润款，更没有能扩大势能的形象款。所以，我进行了调整，通过喜马拉雅99元/期的音频课来引流（当时借助官方扶持有一定的流量，现在不建议凭一己之力尝试），提高了口碑很好且在市面上没有竞争对手的运营"私塾"课的价格，增加每一期的人数，使其成为我的利润款；推出了针对B端用户的内训产品，服务知名度较高的公司，使其成为我的形象款。

经过这样的调整，我的单位时间价值翻了一倍。这就是合理的产品矩阵具有的魔力。

我想强调的是，产品矩阵是一步步形成的，而不是从一开始就像满汉全席一样摆在用户面前的。如果没有切中用户的需求，没有动销，那么相当于浪费时间。这也是我为什么反对个人事业起盘时在"产品矩阵"这个角上花太多时间，产品矩阵应该是对用户有了充分的洞察后自然而然形成的。

下图展示了我在自由职业的前两年打造的"自流量创业金三角"。

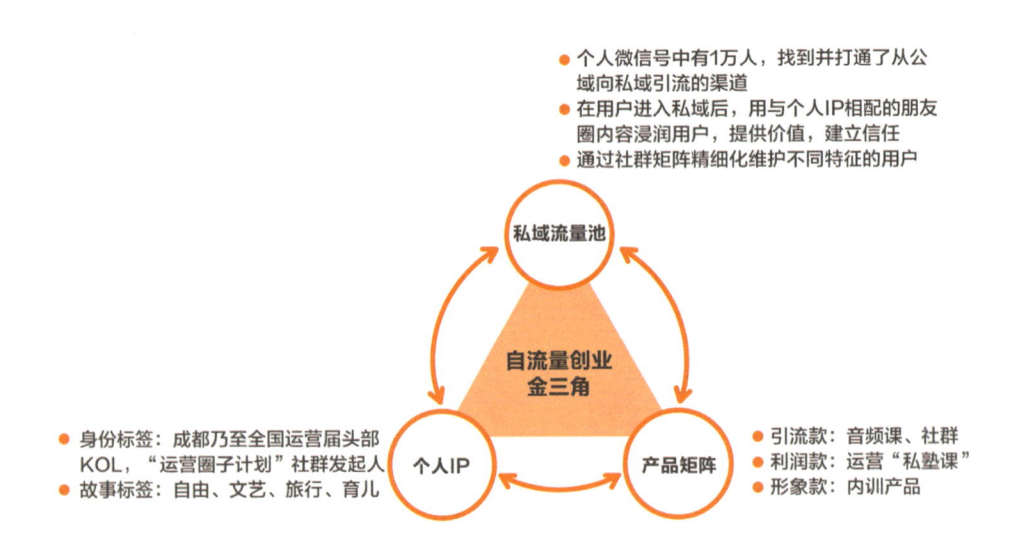

- 个人微信号中有1万人，找到并打通了从公域向私域引流的渠道
- 在用户进入私域后，用与个人IP相配的朋友圈内容浸润用户，提供价值，建立信任
- 通过社群矩阵精细化维护不同特征的用户

私域流量池

自流量创业
金三角

个人IP　　产品矩阵

- 身份标签：成都乃至全国运营届头部KOL，"运营圈子计划"社群发起人
- 故事标签：自由、文艺、旅行、育儿

- 引流款：音频课、社群
- 利润款：运营"私塾课"
- 形象款：内训产品

3.6 比AARRR模型更好用的原创"抹胸裙"模型

在搭建好"自流量创业金三角"后，基本上完成了事业"从0到1"的起步过程。当业务开始快速增长的时候，在公司做过运营工作的人可能会想到互联网领域内很流行的增长模型——AARRR模型。

- Acquisiton：获取
- Activation：激活
- Retention：留存
- Revenue：收入
- Referral：推荐

对于开发了自有App且人员齐备、资金雄厚的公司来说，该模型确实很好用；不过，对于主要借助私域流量池开启个人事业的小微创业者来说，该模型存在一些不适用的地方。

如果套用该模型做增长，小微创业者可能会面临以下几点困扰。

① 在"获取"环节很难形成漏斗形状的大开口，容易让人陷入"流量焦虑"的状态。对于某些随着时代发展而诞生的新兴"小而美"创业者来说，他们所在的行业比较新颖，还没有大平台可以整合目标用户、分发流量。

旅行行业有携程，餐饮行业有大众点评等公域平台供商家入驻、投放广告、获取流量，而整理师等创业者即使想花钱引流，也难以找到上游用户聚集的大平台。

② "激活"原本的意思是用户登录App并做出某个动作，如浏览文章、发表视频或添加好友。不过对于借助私域流量池的创业者来说，很难统计与激活有关的指标，如用户有没有看朋友圈、有没有看到社群里的信息，这些指标是不清楚的，甚至是无法统计的。

③"留存"原指新用户在一段时间内反复使用产品。很多互联网创业者不急着变现,先让用户免费使用产品,养成习惯,再考虑下一步转化的事儿。不过,借助私域流量池的创业者可能会疑惑,花那么多时间和精力做售前运营是否值得,在什么时候转化用户比较合适等。就像钓鱼,鱼已经咬到了鱼饵,如果不及时收竿,让鱼多免费享用一会儿鱼饵,可能就会错过转化的最佳时机。

基于对大量项目的观察,我原创了一个"抹胸裙"模型,对小微创业者而言更实用、更好懂。

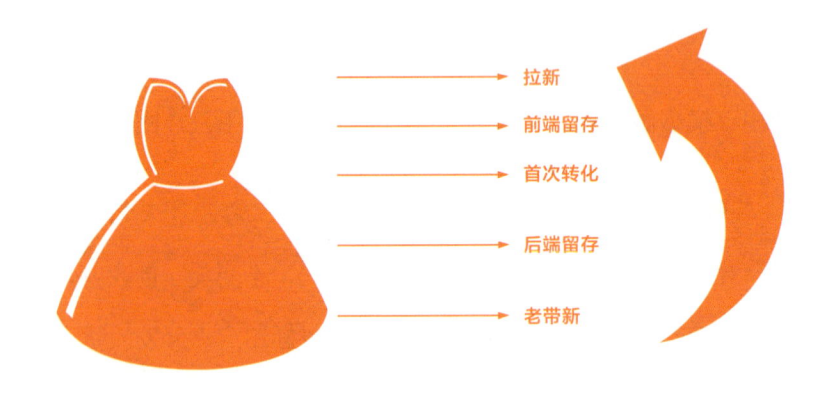

拉新
前端留存
首次转化
后端留存
老带新

我把利用"抹胸裙"模型做增长分为以下五个步骤。

① 拉新。拉新是"抹胸"的位置,它不像漏斗是一个大开口,而是小开口,这意味着我们对新流量的要求没有那么高,可以以"是否把流量加到个人微信号中"为判断标准。为什么不是加到企业微信中呢?因为对于体量不大的小微创业者来说,把好不容易吸引来的用户加到企业微信中,比较可惜,很难打造出"人情味儿",用户只会把你当成客服人员或销售人员的角色。拉新所需的技能将在第4章的内容运营、活动运营和关键人营销部分深入学习。

② 前端留存。前端留存指的是用户进入私域但还没有下单的环节，你需要在这个环节做一些动作，让用户在不删除、不屏蔽你的前提下多多接受你的浸润，与你互动，解除疑惑，建立信任。前端留存所需的技能将在第4章的朋友圈运营、社群运营部分深入学习。

③ 首次转化。首次转化是"腰"的位置，从"抹胸裙"模型中可以看出，与胸围相比，腰围稍微小一点，不过不会太小，这代表首次转化率比较高。对于客单价较高的产品，用户往往很难在比较短暂的前端留存环节支付较高的费用，通常会购买某个比较便宜的产品尝试一下，也就是引流款或基础款。首次转化意味着用户建立了初步的信任，是很重要的里程碑事件。此时，如果直接卖正价产品，转化率往往会很低。市面上常见的9.9元、99元的课程和7天训练营等，就是用比较划算的低价，让用户无须思考太多，以促成成交。这样的设计会减少用户流失，让用户体验更流畅。

④ 后端留存。后端留存指的是用户在首次转化之后持续购买产品，可以理解为复购。后端留存与老带新一起构成"裙摆"的部分，呈扩散状，代表老用户的贡献很大，既可以复购，又可以帮你传播，实现老带新。后端留存除了与产品矩阵的设计相关，还与第4章的社群运营，通过给用户打标签来精细化运营等技巧息息相关。

⑤ 老带新。老带新指的是老用户通过传播带来新用户。这里的"老用户"不一定是付过费的用户，只要是进入私域，被你影响过，觉得你不错的用户，就可能是你的潜在传播者。想一想自己是否有过类似经历：虽然很喜欢某个商家或品牌，但是不适合自己，于是推荐给朋友。老带新会用到第4章花式宠粉的技巧。

以上就是"抹胸裙"模型的概览。它的精髓不是追求大大的开口，而是追求大大的"裙摆"，是一个低成本的增长模型。该模型对每个环节的精细化运营要求较高，对在各个阶段洞察用户的要求也比较高。

只有兼顾方方面面的细节，才能支撑起你的"抹胸裙"模型，相关技巧将在第4章——呈现。

3.7 在私域运营商业的心性修炼

私域离用户更近，这是一把双刃剑。在一个讲社交、讲交情的地方运营商业，需要进行一些心性上的修炼，否则容易伤人伤己。

第一，修炼真诚之心。有些人会利用人性的弱点，捏造所谓的"完美人设"，甚至有些"抠脚大汉"假扮"白富美"和男性用户聊天。我希望你可以成为更好的自己，而不是一个完美的假人，这样你才能睡得踏实，不用担心人设崩塌。

第二，修炼利他之心。时刻记得通过满足他人的需求来达到自己的目的，把"狐狸尾巴"收一收。私域的环境是让你社交的，社交没做好，别想着做买卖。

第三，修炼克制之心。信奉长期主义需要克制，正因为克制，用户反而会追着你购买产品。我有一个做医美的朋友，她经常和用户说"你的条件挺好的，学着化化妆，提升一下穿搭水平，换个发型也能变美，不用做手术，如果一定要做手术，微调一下××部位就行了"。她的克制反而让用户更信任她，即使用户自己不做医美，也会放心地把她推荐给朋友。

第四，修炼同理心。自己看不上的东西不要以为用户会看得上，如为了一两元的红包让用户转发海报。只有能感动自己，才能感动用户，多走心，少利用福利刺激用户，把用户当作活生生的人，而不是没有感情的流量，不要随意打扰用户。

第五，修炼钝感力。"钝感力"这一概念由日本作家渡边淳一提出，顾名思义，就是迟钝的力量，既是快速忘却不快，接受失败继续挑战的能力，也是坦然面对流言，对嫉妒和嘲讽心怀感激的能力。上述几项修炼是对他人好，这项修炼是为了保护自己。在言论自由的移动社交时代，键盘侠很多，不要对社交评论过于敏感，保护好自己的内心，稍微迟钝一点反而不会受到流言蜚语的中伤，尤其要抵御非目标用户的指指点点给你带来的压力。试想一下，如果所有人都理解你，你该有多么平凡？

自我练习：你在"自流量创业金三角"的三个角上已经分别有过哪些实践？给每个角的现状打打分，看看哪个角拖了后腿，给你带来了哪些困扰。

第 4 章　做自己的首席运营官

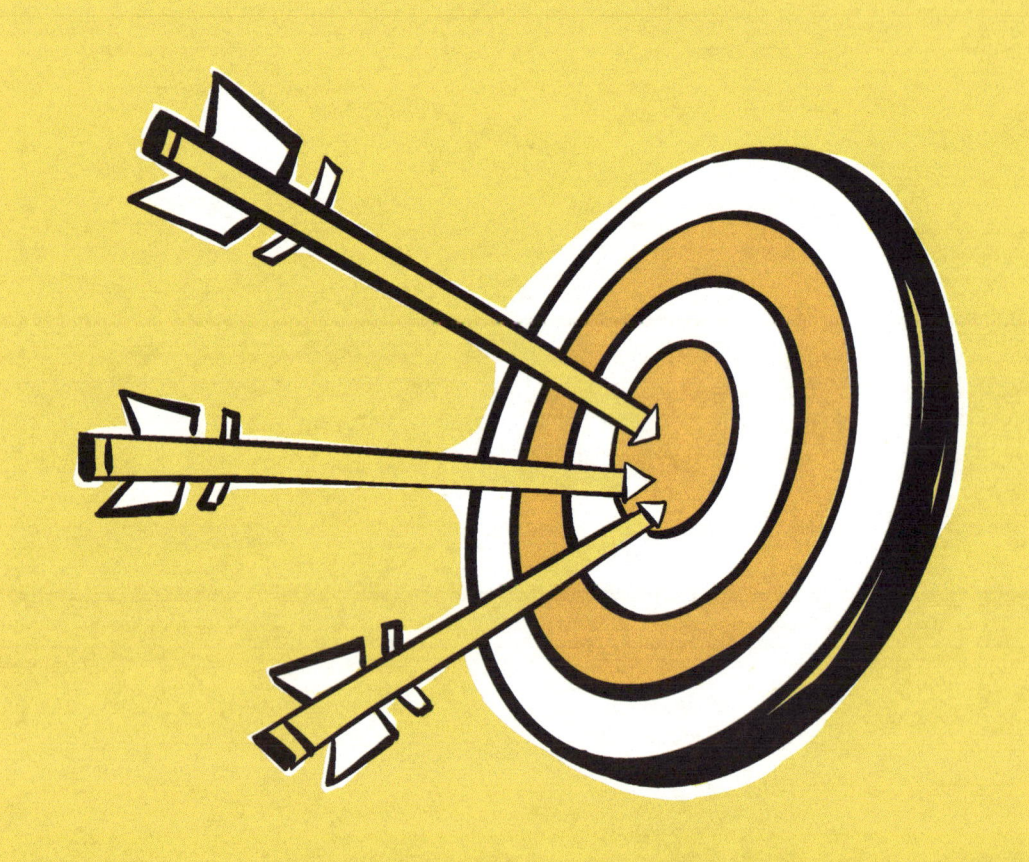

**在做所有运营动作时,
个人IP一以贯之,有所为有所不为**

一些产品型、匠人型的个体创业者觉得自己不适合做运营，拜托我为他找到合适的运营合伙人，他好安安心心做产品。然而，我会"无情"地告诉他，这不可能，一个成熟的运营总监至少需要30万元的年薪，为啥愿意加入你这个盈利模式还不清晰的组织呢？

其实，如果你喜欢做产品，反而不应该拒绝运营。对于当下的运营来说，最重要的是经营与用户的关系，洞察用户的需求，这是产品人偷不了的懒，自己打磨出来的产品能否满足用户需求，用户有什么反馈，难道你不想知道吗？为什么要寄希望于让别人做自己的首席运营官呢？在创业早期，你不就是最合适的首席运营官吗？

大部分执着于找到运营合伙人的创业者，在团队搭建上耗费了很长时间，最终不欢而散，伤了元气。而敢于打破边界、愿意学习的人，往往能够成为产品和运营的双料高手。

虽然创业者应该学习运营，但是有一个坑希望你能提高警惕。如果你盲目学习一线互联网大厂的运营知识，可能会感觉自己掉进了知识的海洋，被很多"高大上"的理论、术语搞得眼花缭乱，好像只要知道了那些名词就很厉害，就能跟得上时代潮流，实际上往往在自己的事业中找不到应用场景。

问题出在哪里呢？

运营是与时俱进的，需要回归到具体场景中。针对大厂成熟期的运营策略和针对个体创业者起步期的运营策略是不一样的，"烧钱"、靠数据获得融资的打法和踏踏实实做一辈子的打法也不一样。我用大厂赋予我的快速学习能力，在五年内迅速学习、实践，提炼出非常有用的运营基本功，既有大厂思维，又有接地气的实战打法，学会了就能用得上。

4.1　内容运营：构建选题矩阵和分发矩阵

对于想打造个人IP的人来说，内容运营格外重要。如果没有源源不断的内容来影响受众，个人IP就是一个"挂羊头，卖狗肉"的名号而已，只有自己知道，用户并不买账。

内容运营的定义是，**围绕内容的生产和消费，形成良性循环，持续提高和内容相关的各类数据，达到吸引流量、培养潜在用户、引导用户转化的目的。**

简单来说，内容运营就是基于个人IP构建选题矩阵，选择合适的载体产出内容并把内容分发到合适的地方，让受众看到。

有些人虽然知道内容运营的重要性，但是容易急功近利，满篇都是单调枯燥的广告，阅读量上不去就气馁了；还有些人为了提高阅读量和粉丝数，一味迎合主流、追热点，模仿爆款文章和视频，忘了自己是谁，辛辛苦苦攒了一点粉丝，直到想变现的时候才发现，粉丝画像与目标消费群体的画像不一致，即使粉丝量再大也很难变现。

在进行内容运营的时候，一定要以人为主，不能以品牌或产品为主。例如，你是卖女装的商家，那么你的账号描述不能是"××服装店，主营××"，而应该是"'90后'穿搭爱好者，实穿主义，花不多的钱穿出你的风格"。寥寥数语，精准勾勒，反而会让人更想关注你，觉得你对他们有价值。

接下来要考虑如何持续产出符合调性的内容。内容就像你为用户提供的"精神食粮"，如果你能用优质内容抢占用户的注意力，那么当用户有需求时，在你和竞品之间，用户选择你的概率会大得多。

具体输出什么内容呢？只输出自己的兴趣爱好和私生活是不够的，只推销产品也不行。我想出了一个简单而高效的选题矩阵，按照这个矩阵分配内容比例，久而久之，会给人留下立体的印象，让人觉得由你来卖相关产品是自然而然的事儿，不会觉得有割裂感。

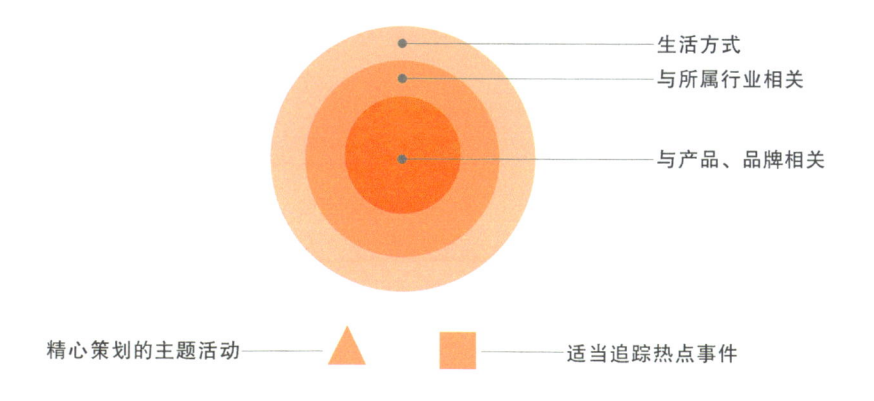

生活方式
与所属行业相关
与产品、品牌相关

精心策划的主题活动　　　▲　　■　　适当追踪热点事件

我来解释一下这个选题矩阵。你可以输出上图中五个方面的内容，具体占比可以自行拿捏。越靠近圆心的内容离产品越近，越远离圆心的内容离用户和行业越近,软硬兼施,有层次地输出内容,这样才能给用户留下立体的印象,用户才有关注你的理由。

① **与产品、品牌相关**。你可以变着角度写品牌故事、创始人故事、团队故事、产品诞生故事,场景化演绎产品卖点,输出测评报告、体验反馈、优秀案例等。这方面内容虽然是偏商业化的,文末会"破梗"卖产品,但是可以写得有温度、有可读性、有特色,千万不要写成产品说明书的样子。

例如,我服务过的某旅行公司在推出新路线产品时,不是先讲该产品多么完美,罗列一个个景点,再来个上新优惠就完事了,而是先讲该产品是如何诞生的,在这个过程中产品经理踩了多少次点,做出了多少取舍,为了优化用户体验进行了哪些打磨,该产品与市面上的其他产品相比有哪些创新,等等,再来卖产品,这样会更有转化力。

② **与所属行业相关**。所属行业的资讯,包括趋势潮流、事件解读、研究报告、上下游合作伙伴和行业知名人物访谈等。这方面内容不一定完全是自己产出的,可以搜集一些行业文章,选取对自己有利的内容进行二次编辑。

例如,做健康食品的商家不要天天苦口婆心地向用户宣传你的产品好,可以引用一些健康资讯来证明发达国家对你的产品接受度很高,国内中产阶级也很推崇,还可以采访你的供货商,展示产品的天然生产流程,或者采访高端人士,讲述你的产品给他们带来的改变。这方面内容会让用户觉得你的视界比较宽广,不是为了卖货而卖货,而是洞察到了某一趋势,你的产品是应运而生的,是有信服力和背书的。

③ **生活方式**。你的私域流量池应该是有人情味儿的、是IP化的，这方面内容恰好可以展示你的故事标签，如旅行、探店经历和日常生活，看似不直接卖货，实则是在浸润用户，让用户加深对你的喜爱和信任，这样在你后续推荐产品时，用户就不会那么排斥了。用户会在相关内容中找到你的性格特质和主业之间的关联，并且会转移这份信任，在众多同类产品里更加"粉"你的产品。

例如，我展示的是一个热爱自由的、文艺的"互联网人"形象，喜欢我这些特质的人来找我做职业咨询会比较放心，因为我在给他们做职业规划时会考虑到生活品质和自我价值的实现，而不只是苦兮兮地升职加薪。

④ **精心策划的主题活动**。为了让你的账号更活跃、更有生气，你还需要输出主题活动类内容，如活动招募和回顾文章。在大部人眼里，做活动就是打折，其实不是这样的。例如，我想让用户与我多互动、多连接，多向我倾诉心里话，让我更懂用户，我可以在合适的日期发起"征集你的故事"的活动，征集UGC（User Generated Content，用户生产内容）；再如，为了让老用户为我传播，我可以发起一场邀请老用户参加的私享会，自然而然会形成传播。

"运营计划圈子"社群里有一位很有人格魅力的女生，她开了一家文艺女装店，每个月都会精心策划"穿着古苔去旅行"的活动（"古苔"是品牌名）。用户参加这场非常有仪式感的主题旅行活动，会得到一套既适合自己又适合旅行地的自有品牌服装，全程有摄影师跟拍。用户非常爱看这样的活动招募文章，并且她坚持每月发布一次，久而久之，用户也产生了期待。

⑤ 适当追踪热点事件。 在公司里从事新媒体运营的人员，通常需要花很多时间和精力追踪热点，提高曝光数据。而普通人做内容运营，不需要在追踪热点上花太多的时间，即使要追也要追到"点"上，"快"和"深"至少占一样。

如果你没有办法像专业的新媒体编辑一样蹲守热点事件，迅速做出反应，那么可以在"深"上下功夫。我之前追过B站的《后浪》宣传片和热播电视剧《三十而已》等，虽然不是在第一时间追踪的，但是胜在有深度，因此也能引起传播，得到了比日常高3倍的阅读量。

下图以我为例，给大家看一下我的内容分配比例。有了它，我既不用花太多时间苦思冥想需要产出什么内容，也不用太在意单篇文章的拉新转化效果，我只要按照这个比例坚持产出内容，就能让个人IP立得住脚，从而产生复利。

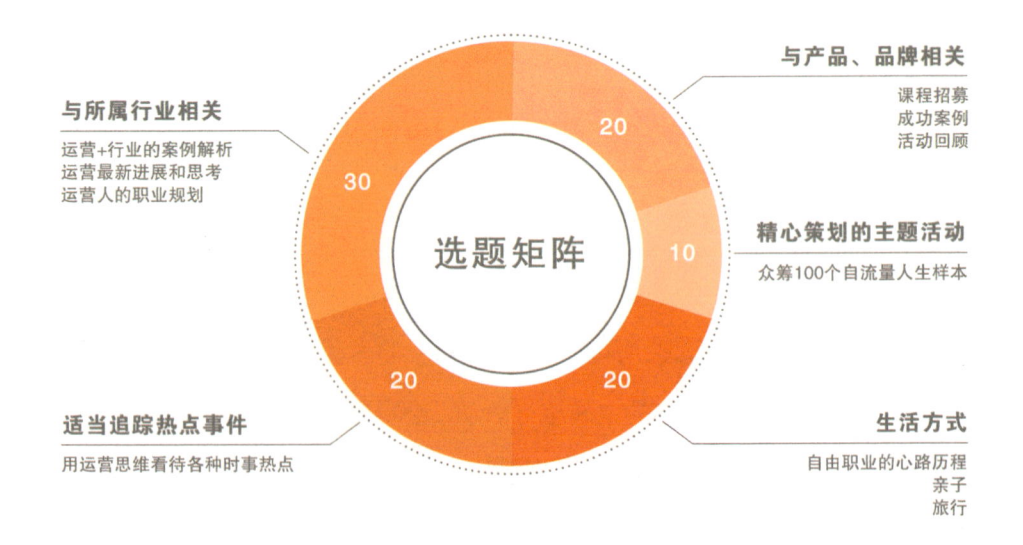

与所属行业相关
运营+行业的案例解析
运营最新进展和思考
运营人的职业规划

与产品、品牌相关
课程招募
成功案例
活动回顾

精心策划的主题活动
众筹100个自流量人生样本

适当追踪热点事件
用运营思维看待各种时事热点

生活方式
自由职业的心路历程
亲子
旅行

选题矩阵：30 / 20 / 10 / 20 / 20

接下来我们说一说分发矩阵。**分发矩阵就是把合适的内容推送到不同用户聚集的地方，延续内容的生命力。**如果你花了很长时间写出来一篇文章，却只在公众号发一下，在朋友圈转一下，那么阅读量是不会很高的，对不起你的创作时间。

另一个极端是盲目分发多个平台，却不清楚平台的规定，不知道怎么取容易获得平台流量倾斜的标题，怎么巧妙植入微信号，让用户顺藤摸瓜加上你，这样平平淡淡地分发内容也很无效。

在入驻某个社交平台前，一定要先了解该平台的流量分发机制、用户调性、头部博主，能否向私域引流、是否提供交易功能、能否私聊等，再判断优先级。从我学生的试验来看，将优质内容分发到小红书和B站比较容易吸引同频粉丝，并且能够引入私域。

除了泛社交平台，我还推荐一些基于行业、职业、兴趣圈层建立起来的小众垂直社交平台。它们也属于公域流量，优点是可信度高且用户精准、质量高，缺点是用户基数相对较小，对内容产出者的专业要求较高。例如，适合美食爱好者引流的"下厨房"，适合旅行民宿创业者引流的"马蜂窝"旅游网，适合软装设计师引流的"好好住""一兜糖"，适合互联网知识IP引流的"知乎""人人都是产品经理"等。

有些人可能苦恼于没有精力且不擅长文字表达，对于这些人，除了长图文，还可以试试短视频和直播等面对面的表达方式。

好的内容选题是可以通过各种形式进行充分表达的。当我想到某个很好的内容时，我会先发几条朋友圈，看看用户对该内容是否感兴趣；如果用户感兴趣，那么我可能会用该内容发起一场直播，直播的过程就是我输出想法的过程；直播完毕，公众号文章的素材基本上就有了；在发布公众号文章之后，我还会从两三千字的正文里提炼出两三百字，形成一段视频文案，配上画面和旁白，快速剪出一段视频发到视频号中，并附带上公众号文章的链接作为扩展链接。视频号是半开放的，如果我的好友点赞，就会推荐给他的好友，达到出圈的效果，可以将更多人导入公众号文章，了解更多信息。文章里有我的个人微信号二维码，又可以把他们引入我的私域。

内容运营需要厚积薄发，可能你昨天早起跑步发了一段视频没啥看点，或者今天住在民宿发了一篇文章也没啥亮点，不过只要坚持收集、记录素材，留心生活，连续发100天后做一个汇总，如"100天早起跑步""100天住民宿"，这样的选题就会好看很多。

时间是让平凡变得不平凡的魔法。

如果你仍然觉得很难，那么还有一个方法，那就是**导演自己的人生，给自己讲一个好故事，成为其他人的内容源**。

现在自媒体很多，其他自媒体也需要寻找素材、做采访并发布到社交平台上。如果你能成为其他人愿意采访和拍摄的对象，那么也算一种四两拨千斤的巧劲儿。

在公众号比较火热的那几年，我接受过很多公众号的采访，他们从各个侧面写我的故事，不仅提升了我的个人IP，还吸引了很多同频的人加我。你可以试试主动投稿，讲述自己的故事，以引起他人的注意，还可以联合同等量级的视频号、公众号，做一些互推、互相采访、直播连线等，用你的私域和其他人的私域做交换。

什么样的故事是其他人愿意采访、传播的故事呢？基于我的观察，当你做了某些其他人想做而不敢做的事儿，或者特别有戏剧性，和你的身份有冲突感的事儿时，是很容易引起关注的。例如，辞掉BAT（百度、阿里巴巴、腾讯三大互联网公司巨头）的工作，带宝宝环游世界、全球游学；离开北上广，卖掉房子去隐居，把生活过得像诗一样；在寸土寸金的地方，"90后"夫妻不买房，却把租房改造得特别舒服；等等。这些故事在"一条""二更""好好虚度时光"等公众号上不胜枚举，你可以看一看，找一找感觉。

我在五年前离开杭州，放弃了"高大上"的工作和阿里巴巴的期权，回到成都，做自己喜欢的事儿，成为"斜杠青年"、自由职业者，把人生运营成了自己想要的样子。这个故事还挺"非主流"的，引起了很多互联网人的围观，也得到了一些媒体的采访和线下沙龙分享等机会，为我吸引了第一批支持者。

4.2 朋友圈运营：得体、有面儿、能变现

在2021年的"微信之夜"，微信事业群总裁张小龙公布数据，每天有10.9亿人打开微信，7.8亿人进入朋友圈，1.2亿人发表朋友圈。

很多人害怕暴露自己的隐私或不想被刷屏的信息打扰，于是设置分组、发朋友圈仅某些人可见、设置朋友圈三天可见、屏蔽微商，甚至关闭朋友圈，把这个"明星阵地"仅仅当作纯粹的熟人社交工具，实在是太可惜了。

朋友圈可以让每个人在瞬息万变的信息世界中拥有一个小小的固定"档口"，不需要"租金"，每天有大把大把的流量从你的"档口"流过，你不做点什么吗？白白浪费流量，真是不当家不知流量贵啊！即使你暂时没想好卖什么，也可以展示自己的个人品牌和志趣品位，吸引志同道合的人，让你的"朋友圈土壤"变得肥沃。这样，无论你未来做什么都会更加顺手。如果你想创业，那么很可能会在朋友圈积累第一批种子用户，缩短"冷启动"的时间。

不是只有微商才运营朋友圈，每个人都应该运营朋友圈。如果我在社交场合加了某个人，或者有人和我谈合作，我就会习惯性地翻一下对方的朋友圈，通过朋友圈内容、头像、个性签名等大概了解一下对方。

说实话，如果对方设置朋友圈三天可见，没什么内容可看，或者常常转发一些文章、广告但不带任何推荐语，或者发表一些无病呻吟、不知所云的负面言论，那么我会在心里给对方打上"没有社交思维""不够熟悉互联网""心智不成熟"等不太好的第一印象标签，并且这些印象是很难改变的。

这并非我有意戴"有色眼镜"，在线上社交场景中，隔着屏幕"闻味道"是很正常的事情，就像在线下社交场景中通过一个人的穿着、眼神、动作、谈吐来判断对方是什么人一样。朋友圈就是一张"无声的名片"，随时随地向外传递"你是谁"，帮你影响潜在用户。

我们来做一个测试：**给你近三天的朋友圈打分。**

打分规则：硬广减2分，软广为0分，美好日常加1分，输出价值加2分。如果你的得分为正，那么恭喜你，你的朋友圈应该运营得不错，是一片"肥沃的土壤"。

朋友圈不是广告位，而是橱窗。哪个高级品牌会在橱窗上贴太多广告呢？所以在我的方法论里，硬广是减分项，只有先"种草"（美好日常、输出价值的部分）才能"收割"，并且"种草浇花"的精力要大于"收割"，这样才能生生不息。

这和大部分微商的做法不太一样。有些规模较大的微商会让你每天发好几条广告狂轰滥炸，刚开始似乎有用，因为你消耗了积累那么久的用户的信任，并且这种做法对于新加的用户来说伤害性较强，难以建立信任。如果某一天你不卖原来的产品了，那么你的朋友圈会变得一片狼藉，需要花很长时间才能修复你在朋友眼中的形象。

目前，很多人的做法是短视的、没有复利的。打造个人IP才是一件有复利的事儿。

怎么运营朋友圈才是科学的呢？**回归你的角色定位，个人IP一以贯之，记住你是谁，以做自媒体的心态运营朋友圈。**

如果只用一句话来概括，那就是**把朋友圈当成一本杂志来运营。**当你提供了一本付费杂志应该具备的价值，并且这本杂志是免费的、实时更新的，用户自然会追着看，还怕无法变现吗？

一本杂志的特色是什么呢？

① **美观**。朋友圈内容应注意文字的分段空行，图标表情的使用和配图的选择。如果原创的文字篇幅较长，你既可以分段空行，也可以添加一些小图标以减少阅读障碍，不过最好不要使用一长串表情符号；图片应尽量高清美观，体现你的调性，还可以用美颜类的App加边框和文字修饰一下。

② **持续输出有看点的内容**。朋友圈也有选题矩阵，可以简单地分为主线和副线。主线要符合你的身份标签，专业、权威、有价值；副线要符合你的故事标签，如有温度、有意思、有美感的日常。

③ **设立专栏**。正如杂志往往有自家的王牌专栏一样，朋友圈也可以设立专栏，这是最容易给用户留下印象的方法。不过，如果把每条朋友圈都纳入专栏，会比较混乱，容易分散用户的注意力，应该从主线或副线里**选取1～2个你能持续输出且符合自身专业特长的点，作为专栏**，运用微信自带的打标签功能，坚持更新，一周一两条即可。你还可以加上数字，如Day1、Day2……Day100，给人一种持之以恒的感觉，坚持更新100天，你就是朋友圈这个细分领域内当之无愧的"大神"。

例如，我坚持更新#咨询笔记#专栏，一方面是告诉大家我在持续接单，遇到相关问题可以约聊，另一方面是在提炼并输出每一次咨询的价值点，帮助遇到同类问题的好友。想咨询但还在犹豫的人，只要点击或搜索"咨询笔记"这个专栏名，就能看到很多聚合信息，看到我在这方面持续输出的内容，从而提高我的权威性。

标志性专栏方便后续搜索聚合

朋友圈好看了,就像自媒体有粉丝了、"土壤肥沃"了,接下来怎么变现呢?

现在是"人找货"的时代,有点类似于反向定制。你要先用人格魅力和优质内容吸引一批用户,再提供他们需要的东西,从而赚取收益。

例如,我擅长运营,那么可以在朋友圈分享运营知识,包括业内信息和参加分享会、做嘉宾的各种素材。这样可以吸引想学习运营的人,我可以围绕他们的需求,在全网寻找适合他们的知识产品。

再如,有些妈妈很喜欢在朋友圈晒宝宝的穿着搭配,她们的好品位吸引了其他妈妈,于是开始谈童装品牌的合作,组织大家团购,或者在社交电商平台选品、分享,这些路都是走得通的。

但是,如果某个姑娘不爱打扮,不懂护肤,没有相关方面的积累和知识输出，只看重短期收益，执意要卖面膜、卖化妆品，就是在透支自己的朋友圈势能。

如果在用户心中，你对某件事的认知水平等同甚至低于用户，那么用户很难信任你，为你付费；而如果用户认可你的专业水平，甚至喜欢你的风格和价值观，就很容易在你这里消费。

所以，如果你发现自己的变现能力不强，就应持续扩大自己的势能。势能一方面体现在你的内在认知上，需要慢慢积累，另一方面体现在你的朋友圈展示出来的水平上。有些方法可以帮助你快速提升后者，如晒出你与更高级的圈子一起参加行业会议，或者晒出高知用户对你的夸赞和认可，或者晒出他人向往的精致品位、理想生活。你可以适当使用这些方法，不过用得太多反而会显得虚假。只有真实才能经得起时间的考验，才能走得长久，才不会担心人设崩塌。

朋友圈运营，"功夫在诗外"。运营朋友圈的出发点是打造个人IP，而不是赚钱，运营朋友圈的关键是扩大势能，而不是直接卖货。坚持做到这两点，变现是自然而然的事情。

在长期运营自己的朋友圈和翻阅用户朋友圈的过程中，我发现了下列对运营人来说非常重要的价值。

第一，如果关注你朋友圈的人数增加了，你就会不自觉地提高对自己的要求，想让文案更好一点、图片更好一点、题材更好一点，甚至有动力学习手机摄影、手机修图、短视频拍摄和剪辑等技能。这对运营人来说是一种刻意的、积极有效的训练。

第二，朋友圈是有效的搜索工具和用户调研的好地方，拿不准的事儿可以发到朋友圈中让用户投票选择，倾听用户的声音。长期观察用户在分享什么，什么样的内容获得的点赞、评论数量多，能够培养你对网络内容、用户情绪的敏感度。

除了朋友圈，近几年兴起的短视频和直播也属于内容运营的范畴。以前，我们通过公众号文章了解某个人的思想，通过产品详情页了解某个产品、完成下单流程。如今，通过一段短视频、一场直播，便能大大缩短建立信任的时间，甚至直接促成变现。

作为自流量创业者，我们在浏览其他人的内容时，应该思考到底是什么吸引了我们，我们对内容生产者的信任是如何建立的，我们要如何享受短视频和直播的红利。

当然，也不用神化短视频和直播，它们只是增强内容传播效果的形式，从本质上来看仍然属于内容运营。我们不是专业人士，无须抛掉既有的事业完全专注于自媒体，我们只需要利用它们把我们的"角色定位—拉新—留存—转化—老带新"传播全链条打磨得更顺畅即可。

对于把重心放在私域且有一定沉淀的自流量创业者来说，首先，可以在拉新环节部署抖音这一新渠道，把已有的角色定位同步到抖音，一定要尽量把用户向个人号引流，否则用户还是在抖音这个公域平台里，平台的算法会向用户推荐其感兴趣领域的其他博主，包括你的竞争对手，用户的注意力随时可能被抢走。

然后，你可以在留存环节部署视频号，作为一个"增强武器"。以前我们把朋友圈和社群作为"增强武器"，现在用户越来越喜欢视频形式的内容，朋友圈、社群、视频号之间是可以互相导流的，多给用户一个与你接触的触点，可以缩短"养熟"用户的周期。并且，视频这种形式更容易激起用户的情绪，塑造人物性格，有助于打造个人IP。

最后，在转化环节，你可以部署视频号直播，当意向用户达到一定数量时，定期开直播，在直播中展示你的专业水平和产品卖点，同时配合限时优惠，促成成交。

在我的学生里，原来已经打造了私域流量池和个人IP的人，只要坚持运营视频号一个月以上，基本上都能感觉到视频号的增强效果。

视频号更容易缩短"冷启动"的时间，在发布视频后，你可以对其点赞并转发到朋友圈和各个群中，达到上千次播放量是很容易的。朋友点赞后，朋友的朋友也可能会看到，这样就达到了出圈的效果。你还可以附带上公众号文章，吸引用户进一步了解你，并且通过推文里的个人微信号名片加你为好友。以这样的方式进入私域的用户，往往是优质用户。

4.3 关键人营销：低成本拉新

很多人觉得运营太复杂了，自己不会做或没有精力做。对于这些人，我的建议是做关键人营销和朋友圈运营。前者是利用杠杆效应，四两拨千斤，把优质的、具备信任前提的流量导入自己的私域；后者是精细化耕耘私域，让它"开花"变现。

关键人营销

关键人营销,就是让好的产品通过关键人匹配对的用户,让产品的口碑发生裂变。最关键的两点,一是产品够好,二是关键人找得够准。

4.3.1 哪些人是关键人

想一想你最近打卡的网红咖啡馆,购买的比较流行的服装单品,去电影院看过的高分电影,我们在做"去何处消费"的决策时,有多少次深受朋友推荐的影响?

你也许会惊奇地发现,在这个传播的过程中,重要的不仅是信息本身。在很大程度上,某些信息能否被广泛传播进而达到营销效果,取决于你的朋友(信息传播者)拥有的社交天赋。

我们把具备一定社交天赋且愿意分享信息的人称为"关键人"。在《引爆点》这本书中,作者大致把关键人分为三类,分别是内行、联系员和推销员。

根据我在运营过程中积累的实践经验,我对三类关键人的定义做了进一步的补充。

内行(爱钻研的人):他们了解某个行业内不为人知的内情,善于测评,敢于公正、中立地说出各个产品的优劣势,如小红书上的"成分党""测评师"博主,品牌方可以借助他们中立的立场和爱钻研的特性,获取用户的信任。

联系员（社交达人）：联系员需要达到的一条显而易见的标准就是结识的人非常多，交友能力非凡，人脉资源丰富，如微信好友在5000人以上或非常受欢迎的人。

推销员（行走的"种草机"）：推销员是能影响他人做出购买决策的人。有些人虽然平平无奇，既没有多少粉丝，也不擅长写文章、拍短视频，但是他们对身边的一批用户有很强的影响作用，能够投其所好推销产品，如社区团购平台争相招募的社区团长就属于这类关键人。

4.3.2 关键人的魔力

1. 被看见的成本大幅降低，趋近于零成本

在没有互联网的时候，有一部分成本是避无可避的，即租金。如果不租店面，那么连展示产品的机会都没有，遑论达成交易。而在互联网时代，发布信息的成本是微乎其微的。

2. 传播效率大幅提高，趋近于零等待

以前，酒香不怕巷子深，付出的是时间代价，因为人际传播的速度比较慢，需要时间。现在有了互联网，某些信息可能瞬间就能实现全网传播，人际传播的效率大幅提高。

3. 信任门槛大幅降低，趋近于零代言

以前，传统营销只需要做到两件事情，企业或产品就能被推广，一是请代言人，二是找权威媒体做背书。

在互联网时代，信息透明化，当其他人都在做这两件事情的时候，你再做，就会收效甚微，用户记住的永远只有"第一个"。现在，我们不再需要在代言人身上花太多钱，只要让产品的卖点足够明显、可理解，将其清晰地传达给用户就可以了。

在互联网营销中，关键人营销是至关重要的一环。

4.3.3 关键人营销"三步走"

具体怎么做关键人营销呢？我把关键人营销简化为以下三步。

```
第一步  →  确定卖点
  第二步  →  寻找关键人
    第三步  →  让关键人行动
```

第一步：确定卖点。

产品的卖点不应该只基于团队的头脑风暴来确定，而应该通过测试来确定。当你无法确定产品卖点的时候，可以做一个很简单的动作——问用户，直接了解他们未被满足的需求是什么。

产品卖点在哪里？

第一，它可能在设计人员的脑海里，你可以问产品经理为什么设计这个产品，产品的设计逻辑是什么；第二，它可能存在于用户没有被满足的需求里，你应该思考用户真正需要的是什么；第三，它可能存在于竞品的短板里，如果竞品有某些短板，这些短板可能就是产品的卖点。

常用的三种确定产品卖点的方法如下。

1. 内部头脑风暴

邀请公司内部相关项目的同事（如产品经理、销售人员、设计人员等）进行头脑风暴，先罗列出所有可能打动用户的卖点，然后共同筛选出 10 个差异化的核心卖点。

2. 用户体验调研

邀请上文提到的三类关键人体验产品，以一对一或一对多的形式进行访谈，询问产品最打动他们的卖点是什么，以及哪些卖点是被内部人员忽略的。

3. 社交平台收集反馈

你可以在微博、小红书、微信等不同社交平台搜索品牌和产品的关键词，看看真实的用户怎么说，并复盘、总结、提炼多数用户反复提及的点，确定产品的核心卖点。

第二步：寻找关键人。

其他人的关键人不是你的关键人，你的关键人可能并不引人注目，不能直接套用其他人的关键人报价。你应该花费时间和精力，搭建一个更精准的关键人库，而且最好在关键人还是潜力股的时候挖掘、重用他们，这样他们会对你更上心。否则，等他们火了之后再谈合作，价格自然没有那么划算。

著名的六度人脉关系理论（Six Degrees of Separation）告诉我们，地球上所有的人都可以通过六层以内的关系链和任何其他人联系起来。也就是说，最多通过六个人，你就能认识任何一个陌生人。我们应该用好社交圈，发朋友圈求助或一对一私聊可能有关键人资源的朋友，明确说出自己的需求，请大家自荐或推荐朋友，可以给予推荐人一些奖励。

此外，你还可以在微博、小红书、知乎等开放平台寻找粉丝数不多，但内容精致，在某方面能为你所用且商业化性质不太严重的小博主。

除了从外部寻找，千万不要忘了"自己人"。他们可能是你身边拥有某种核心技能的员工，或者是多次为你付费、转介绍其他用户的铁杆粉丝，只要你能为他们赋能并给予情感上的支持，他们就是潜力无限的，并且愿意为你出力。

在这一步，你要找到关键人并在关键人身上付出足够多的时间，把充分的认知传递给你的关键人，让他们帮助更多人做决定。

第三步：让关键人行动。

在证明产品口碑有裂变的潜能之前，我不建议做任何媒体投放。你可以直接联系关键人，基于情怀、故事或产品的颜值、调性等，邀请他们体验产品并进行分享、传播。

第一，请朋友推荐。想一想你的朋友圈里有没有人可能和关键人认识，如果能让朋友推荐，基本上可以直接接触关键人。

第二，自我介绍。如果你觉得某个人很关键，那么可以自己准备一些话术，向其发消息介绍自己和自己的产品。

第三，尽量站在对方的角度提出合作。在你的事业尚处于发展初期的时候，最好站在对方的角度，关心对方需要什么帮助。

第四，提供有吸引力的图片和不同版本的卖点文案作为参考。若关键人愿意提前参与某些产品的内测过程，则效果更佳。

第五，培养感情，建立强连接的社交关系。

4.3.4 请关键人传播什么

你希望关键人为你传播什么呢？传播的物料非常重要，否则，即使前期费了很大的工夫，也容易在这一环损兵折将。

最好不要在物料中植入将用户直接引导到产品详情页成交的二维码，特别是价格非常高的产品，用户很容易点进去看一眼就关闭页面，你却既不知道用户是哪些人，也没机会让用户了解更多信息。关键人可能带来了一些围观的流量，却无济于事。

我建议传播的物料是与你有关、与关键人有关的。例如，你可以分享一张带有关键人形象的海报，在上面写出关键人的态度金句，感兴趣的用户可以识别二维码了解更多信息，二维码中的信息是关于活动的推文，文末可以植入个人微信号二维码，有意向的用户可以与你形成连接，当下买不买产品不重要。

你还可以请关键人分享与你有关的海报，海报上带有你的形象和分享话题，朋友圈文案也要体现你和关键人的关系、关键人对你的评价，表达出关键人想让身边的人认识你，并在合适的位置植入你的个人微信号二维码。这样会让关键人身边的用户觉得更亲切、更自然，先通过社交喜欢上你，然后才是交易。

不要期待关键人能直接给你带来订单，他们不是经销商，不是代理，他们能做的就是把对你的信任转移给身边的人，扩大你的优质私域流量池。最终能否成交，还是要看你在私域的后续运作，不要给关键人太大压力。

4.3.5　日常如何维护关键人

很多公司在维护关键人这件事情上做得非常差，和关键人之间变成了一次性利益关系，只在做活动需要对方帮忙的时候联系，其余时间不闻不问。

大家可以想一想，关键人凭什么帮你？同样是促销高峰期，关键人可能被多家公司拉拢合作，为什么要选择一个平时没什么互动的公司？

维护关键人不是一朝一夕的事情，需要花时间、花精力。以下几个温暖、不刻意且不用花大价钱的维护动作，你可以学习一下。

① 在公众号或视频号中持续采访关键人，让他们被更多人看到，把你的价值观通过关键人的故事传播出去。这样，关键人也会转发相关文章或视频，相当于在社交圈为你"埋梗""松土"，在后续推荐活动时不会显得太突兀。

② 在节假日的时候，可以给关键人寄一点家乡的特产、时令水果或手作物品。

③ 组织一些有仪式感的线下主题活动，邀请特定的关键人参加。线下见

面能在很大程度上加深彼此的了解，这类活动不以卖货为主，而是讲理念、初心、产品卖点、体验、内测产品，收集改进建议，让关键人觉得被重视，有参与感。

④ 利用你的人脉关系、兴趣爱好、副业等为关键人提供其他价值。关键人不一定只和你聊工作、产品、生意，如果其他需求也能被你满足，那么关键人会产生超出预期的感觉。例如，关键人有资产配置、买房选房、子女教育、跳槽推荐工作、形象设计、医美等需求，在我的人脉圈子里均可以被满足。

极致利他，真诚走心，是一个高级运营人的必备技能，对普通用户如此，对关键人更是如此。

4.4　花式宠粉：让1000个铁杆粉丝为你传播

无论你的野心有多大，1000个铁杆粉丝都可以成为你坚实的底盘。

有1000个铁杆粉丝的餐厅，刚刚解除疫情防控的限制，粉丝们宁肯排队一小时也要光顾。

有1000个铁杆粉丝的咖啡厅，在粉丝的催促下开门迎客，生意很快恢复到疫情前的七八成。

有1000个铁杆粉丝的火锅店，外卖功能一上线，订单就迅速增加。

连我这个小小的个体创业者也不例外。在没有新增病例的时间段，我恢复了线下的运营"私塾"课，在朋友圈一发信息，私聊之前有意向的用户，加之老用户推荐，名额一下子就满了。

4.4.1 哪些人是你的铁杆粉丝

既然我们对铁杆粉丝寄予厚望，那么注定他们不是一般人，可能在10个用户中只能选出1个铁杆粉丝。所以，不要被用户数迷惑，追求虚假繁荣的公司或个人，即使有100万个注册用户，要想挑出1000个铁杆粉丝，也是很难的。

在通常情况下，一个标准的铁杆粉丝应该具备下图中的特征。

铁杆粉丝的特征

1. 价值观追随，相信你和你推荐的产品，重复消费
2. 在公开场合或社交媒体（如朋友圈）自发向好友推荐过你的产品
3. 对你有宽容度，对你的粉丝有亲和力，愿意在社群里带着新粉丝玩

这样的铁杆粉丝，在我大约3万人的私域流量池里，也就有300个，只占1%的比例，不过足以支撑让我满意的生活。可想而知，如果有1000个这样的铁杆粉丝，加之合适的产品矩阵，那么足以支撑一家一二十人的小型公司正常运转。

我特别建议还没有获得融资，必须靠自己的流水支撑下去的小微创业者，好好整理一下以往在自己这里消费过的用户，哪些是真心认可你的、其他人抢不走的铁杆粉丝，哪些是像流水一样留不住的一次性用户，不要继续沉浸在虚假繁荣中。

铁杆粉丝和4.3节介绍的关键人有一些相似之处，即他们都属于"有角色"的用户，就像《狼人杀》里除平民以外的角色一样，各有用途。两者的不同之处是，关键人可能不是我们的付费用户，不会反复在我们这里消费，只不过他们能影响其他人的消费决策，更愿意分享，在社交平台上更活跃一些，有自己的粉丝。

铁杆粉丝是用真金白银来表达对你的忠诚的、真正的消费者，他们是经过漏斗筛选，经历漫长的用户旅程后沉淀下来的"金子"。维护好他们，有利于提高LTV（Life Time Value，生命周期价值）和老带新的比例，并且铁杆粉丝的建议通常比关键人更能左右产品的迭代方向，毕竟他们是实实在在用过产品的。

4.4.2 让铁杆粉丝爱不停

像磁铁一样从茫茫人海中把1000个铁杆粉丝"吸"出来后，我们还要持续宠爱他们。如果宠不了所有的铁杆粉丝，就宠位于"金字塔尖"的那一部分。

我曾就职于天猫市场部，面对海量的会员，除了利用积分制度延长会员的生命周期，让他们觉得有特权，还有针对顶级会员的独家奢享体验，其中有一次在长城上办了一场私宴，由林依轮亲自下厨为顶级会员做饭。

这样的场景，体验过的人肯定想继续在天猫"买买买"，继续被宠爱。而没体验过的人看到其他人在社交媒体上的分享后，也会感觉到天猫对会员的宠爱，努力"买买买"，期望将来成为被宠爱的一份子。

成都有一个著名的餐饮品牌"烤匠"，针对铁杆粉丝推出了免排队的

"黑卡"。想想看，当大家都在门口等位时，你掏出黑卡径直走进去，多有面子。

有人可能会觉得这是区别对待，是不公平的。我在刚开始运营时也想面面俱到，雨露均沾，后来发现不可能，那样做效率极低。"二八法则"无处不在，把同样的资源向铁杆粉丝倾斜，带来的回报确实更大。

不过，当我们的体量较小，处于发展初期的时候，在评定哪些人是铁杆粉丝时可以更人性化一些，不一定采用传统的充值金额的指标，或者RFM模型（Recency、Frequency、Monetary，通过用户的最近一次消费时间、消费频率、消费金额三项指标描述用户的价值状况）来评定。

我们可以加入一些互动、转发的评定维度。例如，在我的铁杆粉丝中，有一部分经济条件不算宽裕的学生和刚毕业不久的年轻人，他们通过行为贡献（做志愿者、助理等），也能获得只有铁杆粉丝才能享有的特权和福利。

如何让铁杆粉丝对你爱不停呢？以下是不需要你花大价钱，只需要你花一些小心思的实用建议。

1. 给予物质和精神激励

2021年"双11"，运营了近4年的"运营圈子计划"社群突破1000人，我和助理筛选出100位铁杆粉丝，赠予他们终身会员的身份，还给每个人做了奖状，感谢他们为社群做出的贡献。如果社群能再运营10年，那么这份礼物将价值3000~5000元。在物质和精神的双重激励下，很多人发朋友圈表达对社群的爱。

2. 制造仪式感，感知温度，深度连接

大家的生活越来越忙碌，有仪式感的行为似乎渐渐成为奢侈品。如果大家都在打折，只有你在打动人心，你就很容易被铁杆粉丝追随。

我和铁杆粉丝经常举办线下活动，有时还会交换礼物，把场景布置一下，引入一些走心的环节，如吃素、喝茶、颂钵理疗、画梦想板，让彼此敞开心扉，深度连接。那种对心灵的触动非常深刻，群智涌现，美人、美景、美食，拍出来的照片也很好看。身处其中，很难抑制住发朋友圈的冲动。

其实，就像夫妻之间一样，明明是相爱的，却在柴米油盐的打磨下渐渐不说爱了。一旦有了仪式感，在某种特定的气氛下，你又会忍不住把爱表达出来，这是特别难能可贵的。

我们要制造仪式感，让铁杆粉丝把爱表达出来。

4.4.3 让铁杆粉丝成为你的案例

这一点对知识付费类的创业者尤其重要。铁杆粉丝之所以追随你，是因为想近距离学习更多东西。如果你不擅长4.4.2节提到的两点，那也没关系，你一定要让铁杆粉丝肉眼可见地比其他人成长得更快，成为你的案例。这是对你专业水平非常有力的证明，能够吸引外围的普通用户靠近你。

我在同一时间段内会带十多位志愿者，这些年一共带了50多位志愿者，他们大部分是我从学员里选出来的，属于我的铁杆粉丝。我有一套方法可以让他们成长得更快，并且用我的资源帮他们打造自己的私域流量池和个人IP。看似我是在把流量向外导，实则是在捧新人，给他们信心，他们在成长起来后也

会"反哺"我。我会让他们做项目、写文章、发起公益微咨询帮助圈友、设立朋友圈专栏、提炼自己的身份标签和故事标签等。高强度的训练让他们成为闪耀的新星,他们也不愿意轻易离开师门,一位志愿者的服务周期基本上是一年左右,流动性较小。

总之,对待铁杆粉丝要走心。我本以为走心是一件很容易的事儿,不需要成本就能做到。事实上,对于很多成年人来说,走心是很累、很麻烦、很难耐得住寂寞的,而这恰恰给了有情怀、有故事、有初心的"小而美"创业者很多机会。

4.5　社群运营:打造高价值社群的六要素

"社群"这一概念其实已经火了很多年了,随着近年来"私域流量池"概念的兴起,社群的提及度越来越高。

我所说的社群,可不是拉个群一对多发广告的场所。社群与朋友圈之间是互相配合的关系。社群的信息承载量更大,毕竟不是所有的信息都适合发到朋友圈中。**高手会把朋友圈当作橱窗,把社群当作成交或交付的主阵地。**如果朋友圈中的营销内容太多,会把新加的人吓到,可能第一印象不会太好,甚至屏蔽你的朋友圈。

社群还有一个优点,那就是群成员之间可以互相影响,产生从众效应,当你发布某些内容时,如果大家能讨论起来,那么影响力是可以叠加的,比你自卖自夸的说服力更强,可能会影响到不说话只围观的人。

但是,社群运营有一项大忌,那就是在用户还没在朋友圈停留足够的时间，还没充分了解、信任你的时候，就直接拉用户进群，也不问用户愿不愿意。正确的做法是先将用户加到个人微信号中，利用良好的朋友圈印象建立初步信任，然后不定期地用不同的噱头吸引同频的人加入社群，确保进群的人是有某种共同属性的，了解社群是做什么的、鼓励做什么、不允许做什么，这样社群才可能"活"下去。

好社群是非常稳定的私域流量池。因为在社群里，用户不只是因为你提供的价值而留下的，社群里还有其他社交关系链和其他人提供的价值，所以社群比朋友圈的黏性更强。

什么样的社群叫作"好社群"？以下五项标准大家可以自检一下。

① 有一定的活跃度，本月发言的用户在所有用户中的占比大于10%。

② 群成员有相似性、归属感、获得感。

③ 如果有人违反群规，群成员会主动干预。

④ 如果社群解散，40%的群成员会感到失望。

⑤ 群主有收入来源，能实现盈利。

很多社群运营初学者过于强调活跃度，通过红包、水军等方式强行刺激活跃度，其实这样做是很没营养的，反而会让社群内的优质用户觉得受到了打扰，导致"劣币驱逐良币"的现象。我觉得打造高价值社群不是只看活跃度，而是要建立一种生态，其中有非常多需要拿捏的细节。我建议没有准备好的人可以稍微迟一点建立社群，否则不但达不到效果，反而会给用户留下不好的印象，还非常耗人力。

好社群就像天然的鱼塘生态，由六个要素构成了这种鱼塘生态，我会以比喻的方式在下表一一对应说明。

要素	对应鱼塘生态里的要素
价值定位	价值定位相当于鱼塘里的一汪水，是一切生命的源头，没有它，一切无从谈起
找同类人	同类人相当于鱼塘里的小鱼，是有共同话题的、能玩到一起的人
树关键人	关键人相当于鱼塘里的大鱼，能带着小鱼玩，让塘主省心
内容设计	内容设计相当于鱼塘里的水草，只有水草丰美，鱼儿才愿意在这里消磨时间、游玩嬉戏、寻找食物，否则会游到其他地方去
建立规则	规则相当于鱼塘边界，每个鱼群都有自己的池塘，既不能随随便便把外人拉进去，也不能把本群的人拉出去
盈利模式	盈利模式相当于源头活水，只有源源不断地流入活水，这种生态才能持续下去

4.5.1 价值定位

价值定位就像一个社群的 IP 一样，你可以通过回答"这是什么样的社群 + 社群服务什么样的人 + 社群能提供什么价值"三个问题，来阐述这个要素。

下面以我的"运营圈子计划"社群为例，给大家说明一下。

1. "运营圈子计划"是什么样的社群

"运营圈子计划"是精品、付费制、陪伴型运营社群，实用，接地气，用户可以抱团成长、联机学习，不仅关心你厉不厉害，还关心你快不快乐，一起运营理想人生！

寥寥几句话，就能让人感觉到社群独特的价值观，知道该社群不是只会打鸡血、讲干货的社群。

2. "运营圈子计划"社群服务什么样的人

"运营圈子计划"的服务对象包括期望学习运营技能的职场新人、传统行业转型过程中的中高层管理者和自流量创业者。我们希望进群的人有一技之长，大家是在交换技能，而不是每个人都在向群主索取解决方案。所以，在新人进群的时候，我们会让他们填写一些信息，如果填写得很敷衍，并且没有可以输出的价值，那么我们会拒绝对方进群。

3. "运营圈子计划"社群能提供什么价值

这里的"价值"，既包含组织方（群主和志愿者们）提供的价值，也包含群成员之间互相提供的价值。前者是规定动作，我会在介绍第四个要素"内容设计"时详细说明，我们是如何通过官方的、持续性的内容设计，来满足用户在社群里的社交需求和学习需求的。

其实，更有趣的是群成员之间互相提供的价值。如果搭建了这种生态，会产生很多惊喜，每个人都向社群贡献价值，会比单靠组织方提供的价值更立体、多样化。

4.5.2　找同类人

通过4.5.1节中对价值定位的思考，我们知道了社群要服务什么样的人。怎样找到一群同类人呢？这与从公域向私域拉新不太一样，我们所说的社群是需要长期运营的，不是像市面上的7天、14天、21天免费群或低价训练营那样,把大家圈在一起,维护一段时间后转化,如果不能转化就解散,那样的群严格来说不能被称为社群。

我们所说的社群,对于进群的人是需要一定筛选的。在通常情况下,并不是直接从公域引流,而是在已经是我们的用户或微信好友的人群中,选择有共同特征的一群人进入社群。需要注意的是,一定要在对方知道社群是做什么的且充分尊重其选择权利的前提下,让对方自愿进群,不要暴力拉人进群,不要把所有人用社群"圈养"起来。

以下是三种常见的吸引同类人的方法。

1. 公众号文末和菜单引流

如果你之前的用户都沉淀在公众号上,那么这种方法对你来说是一种好方法。公众号的打开率持续走低,我们一定要把比较活跃的用户加到个人号中并引入社群,可以在每篇文章的文末说明我们有社群和社群能提供什么价值,植入个人号的二维码,在用户添加我们时,先审核,再邀请入群。

在菜单处也可以设置"加入社群"选项,路径同上。

千万不要直接把群二维码暴露在网上,有些工具会全网搜索群二维码并让机器人自动加群,一进群就会发广告,非常讨厌。

2. 朋友圈引流

初入私域的用户在你的朋友圈停留一段时间后,被你的朋友圈浸润,对你产生了更多的信任。这时候在朋友圈发布社群招募海报,吸引用户进入社群,是一种更稳妥、更成熟的方法。有了信任基础的用户，进群后基本上不会乱说话，社群的舆情管理难度会降低一些。一些铁杆粉丝还能帮你维护群内氛围，甚至在有人说出不合时宜的话时，不用群主出面，他们就会主动干预。

3. 设置关键指标筛选优质用户，主动邀请进群

邀请制也是保证社群质量的一种重要方法。例如，你想通过某个社群加深对铁杆粉丝的维护，甚至对他们开放分销返现的特权，那么可以分析历史交易数据，选择近一年消费金额在1000元以上、消费次数超过5次的用户，先邀请他们进群，在社群里形成良好的氛围后，再邀请消费金额在500元以上、消费次数超过2次的用户进群（以上数字仅为举例，可根据自身情况进行调整）。

通过以上方法，先让"对味"的初始群成员达到50~100人，再通过人带人的方式筛选同频用户，社群运营成功的概率会比较大。

4.5.3　树关键人

要想让社群持续发展，群主一定要把自己解放出来，也就是去中心化。不是让大家众星捧月地围着你，而是让很多颗璀璨的星星聚在一起，让夜空变得更美丽。关键人的引入不但节省了群主的时间和精力，而且关键人离用户更近，更了解某一小部分用户的需求，更能"黏"住用户。即使用户某一天不喜欢群主了，也会因为帮助过、温暖过他们的关键人而延长待在社群内的时间。

哪些人是社群关键人呢？

① 认可社群的价值定位的人。只有价值观相同的人，才能一起走得更远，反之，"道不同，不相为谋"。

② 有突出的标签或是某方面的达人。社群关键人能在某方面超过80%的群成员，他们的见解常常得到群成员的赞赏。

③ 乐于分享，积极互动的人。有干货但是太端着，太韬光养晦的人也不行，要有分享精神，乐于影响他人。

如何让社群关键人为我所用呢？

要想让关键人成为社群的一份子，我们可以从利益、情感、精神等方面入手。

对于有某方面干货的关键人，在提及某个他们擅长的话题时，要把他们捧出来，把话题抛给他们，给他们展示的机会，让他们的专长被更多人看到。

对于擅长连接的关键人，要发挥他们的交际能力，让他们有机会接触到势能更大的嘉宾，在帮助社群对接嘉宾时，他们也能拓展人脉，获得提升。

对于有活动组织意愿的关键人，可以支持他们自发组织活动，给他们露脸的机会，让他们有机会吸引群成员进入自己的私域，获得一群好友。

对于参与某些有收益的项目的关键人，可以在一开始制定目标，如果最终结果超出目标，那么可以拿出部分奖金给关键人发红包。

…………

社群运营需要生态化思维。其实，大部分问题出在很多人做出了贡献，却没有得到合理的回报和群体的认同上。在公司领着工资，还能忍一忍继续工作，而在社群这种比较松散的组织里，做着做着就散了。这也是很多社群群主身心俱疲，最终运营不下去的原因。

举两个案例。第一个案例是在2021年"双11"期间，"运营圈子计划"社群为前100位创始成员颁发享有终身会员权利的证书。作为社群群主，我看到了这些用户的付出，因此给予他们肯定和奖励。用户的反馈也很棒，其他人也希望成为下一批100位终身会员之一。"运营圈子计划"社群和社群中的用户彼此成就，满足了彼此的情感和利益需求，他们也慢慢成为社群的一份子，同时，我们"想让社群更加活跃"的愿望也得以满足。

第二个案例是得到App的"知识城邦"社区。虽然严格来说，"知识城邦"是在App里构建的一个社区，但是它和社群运营的底层逻辑是相通的。一方面，"知识城邦"的运营人员为不同领域的关键人提供曝光机会，让他们能被更多得到App的用户看到，为这些关键人赋能。另一方面，这样也能带动其他用户，激励他们持续产出好内容，争取上榜，以出现在"知识城邦"为荣，相辅相成，流量互通。

一个优秀的社群群主要懂得爱护关键人，尽可能为他们提供合适的激励方式，减少关键人的流失。如果在某个社群中，关键人的占比能够达到10%以上，也就是1条"大鱼"平均可以帮忙维护10条"小鱼"，那么该社群形成一种良性生态的概率会很大。

4.5.4 内容设计

用户在社群内能看到什么内容非常重要，这决定了用户要不要留在社群里消磨时间，要不要把注意力放在社群里。内容设计不但要丰富、有价值，而且最好能实现产品化，频率、时间、时长相对固定，让用户养成定点来社群看看的习惯。

很多人在初入社群之时，往往抱着一种"先看看这里有什么再说"的观望心态。产品化的内容设计能帮助用户打破这种观望心态，让用户获得安全感（"原来在这里可以提这样的问题，大家都是同类人，他们能理解我"），信任感（"这里的人真的会积极帮我解答问题，甚至有些很厉害的人也愿意帮我，真是赚到了"），以及参与感（"我在某方面有专长，我也想参与进去，帮助他人，互通有无"）。

仍然以"运营圈子计划"社群为例。在我们的社群里，有很多新颖、原创的内容玩法，它们是基于用户的真实需求而创造出来的新鲜玩法，打造产品线，稳定交付，形成SOP，接手的志愿者在现有SOP顺利运行的情况下，可以加入自己的想法，每季度迭代SOP。

"运营圈子计划"坚持了三年之久的四个常规栏目都是很受用户欢迎的，在每次举办活动时，不需要特别累地吆喝，就能有不错的参与度。下图是四个栏目具体的内容设计规划。

需求	个人品牌	实践练手输出	学知识	强社交连接
内容	朋友圈互推 （提炼标签精准增粉）	脑暴会 （案主悬赏，各方解惑）	操盘手分享会 （新鲜出炉案例分享）	线下开放日 （同频相吸的线下场域）
特色	借鉴微博九宫格互推	借鉴劳动换食换宿	借鉴大咖直播	来自身边的人生样本
频率	每月中旬周三晚	每月上旬周三晚	每月下旬周三晚	隔月的某个周日下午

栏目一：朋友圈互推

在当今时代，很多人有打造个人品牌的需求，所以我们设立了朋友圈互推栏目，为圈友提炼标签，精准增粉。在流量为王的时代，很多圈友表示，只靠精准粉丝创造的收益就能值回一年的会员费。

栏目二：脑暴会

鉴于很多人在工作中遇到形形色色的问题，常常求助无门，我们开设了脑暴会栏目，每月围绕一个圈友感兴趣或感到困惑的话题进行头脑风暴。有时候，脑暴会也会变成"奇葩说"，"群智涌现"是对这个栏目最好的概括。

栏目三：操盘手分享会

大家之所以进入社群，是因为有学习知识的需求。基于这类需求，我们每月都会找有实操经验的操盘手来分享。分享主题根据当下的热点和大家关注的内容来决定，兼顾用户需求变化和常态内容服务。

栏目四：线下开放日

设置这个栏目是为了满足大家的社交需求，从社群里的互动转为线下面对面的交流碰撞，让更多人产生真实而生动的交流。同时，关系网回路的增强会助力社群的发展，之后回到线上交流，群成员们会更加活跃。此外，线下开放日还是我们对外展示的一个窗口，一些在线上观望我们很长时间的人，在线下活动的氛围里可能会踢出"临门一脚"，形成转化。

内容的设计和落地非常关键，它们能让用户从"不确定在社群里可以获得什么",变为明确知道"社群可以提供什么价值"。当用户产生信任感后,会更愿意在社群里做出更多的行为,从而更好地促进社群的内容生产和良性发展。

在进行内容设计时,千万不能抱着"我不要你觉得,我要我觉得"的心态,我看到过太多社群提供的内容不贴合实际的用户需求。每一次设计内容都要基于对用户需求的洞察和筛选,千万不要自我臆想,否则在推进的过程中会很累,感受不到水到渠成、一呼百应的快乐。

4.5.5 建立规则

社群虽然是开放的,但是也有边界。

规则不是把人绑得死死的,什么都不能说,什么都不能做,"只许群主放火,不许百姓点灯"。规则应该是双向的,让群成员知道什么事儿是社群鼓励做的,什么事儿是不可以做的。对于不能做的事儿,要以人性化的口吻写出来,让用户理解。

水至清则无鱼。用户进入社群往往是有私心的,我们要给用户的私心一个出口,如允许用户在某个时间段打广告,允许通过输出价值的方式圈粉等,打造一个用户愿意待下去的空间。

社群的常见规则如下。

本社群是一个××类的社群。

本社群内欢迎××,不允许××。

我们倡导"输出价值就是最好的广告"。

若需要帮助，请联系群助手×××。

下图是"运营圈子计划"社群规则，它会在用户进群时自动发布，作为对用户的欢迎和提醒。

运营圈子计划社群规则

嗨，欢迎加入运营圈子计划社群。

【运营圈子计划】是一个有温度，强连接，高成长性，由吸引力法则聚集起来的运营社群。让运营回归人性，有用，实在，温暖，是圈子的初心。

为共创温暖自治的社群，拟定了几条公约，遵守的话你在社群里会更受欢迎，收获更大

Do's

√ 欢迎展示与自我成长相关的图文视频来圈粉，但请注意频率和时机，贸然扔完链接就走很不礼貌；

√ 踊跃提问个人成长/工作技能等问题，助理不会让你的问题落空；

√ 发布招聘/合作/求职等信息没有问题，但请确保信息真实可靠；

√ 欢迎分享时事新闻，热点话题，学习资源等，感谢爱分享的你。

Don'ts

× 禁止在群内发布无关广告链接，如砍价/点赞/商品链接等，社群环境大家共创；

× 禁止人身攻击等不友善言论，允许不同的声音也需要尊重你我；

× 若想连接圈内好友请遵循吸引力法则，被动加粉，不要挨着加好友并群发广告。

总之，你为社群贡献越多，收获会越大，倡导彰显个人IP来高级社交。

违反群规第一次会被提醒，第二次会被移出群

欢迎加助理，接收活动通知，更深地了解社群。

当然，不是所有规则都能在群公告里白纸黑字地写出来，有些规则是在聊天中约定俗成的共识。这需要我们重视"树关键人"这一要素，多利用关键人放大社群的"主旋律"，做行为模范，这样其他人也会渐渐知道社群的边界在哪。

4.5.6 盈利模式

一上来就想赚钱的社群，根本无法开始。

一直不想赚钱的社群，同样无法持续。

社群运营是一件需要投入很长时间和很多人力的事情，要想长久运营下去，你和你的志愿者们都需要得到一定的物质回报。那么社群该怎么赚钱呢？我观察到的盈利模式主要有两种。

1. 赚群内人的钱

① 入群门槛费。在用户进入社群时收取入群门槛费，通过收费筛选用户、完成变现。现在市面上有很多社群采用这种盈利模式，如黄有璨的"非线性成长"、亦仁的"生财有术"、辉哥的"辉哥奇谭知识星球"和我的"运营圈子计划"。

② 知识付费。如果你是知识IP，有自己的知识付费产品，那么可以进行知识付费的转化变现。

③ 线下活动。如果社群中的用户想参加线下活动，可以向这些用户收取线下活动的门票费用。在扣除成本的基础上，若能实现盈利，则也是一种盈利

模式，如混沌大学的年度线下大课。

2. 将社群作为资产赚外部金主的钱

当你的社群里聚集了一批高质量的用户时，可能会有品牌方找你，希望调用社群内的用户做广告植入、联合营销、KOL批量邀约和合作分销等。在这种情况下，你作为组织方，可以有部分收入。

除了以上两种常见的盈利模式，还有更多的盈利模式等着大家来摸索。我认为，在评估社群为公司带来的价值时，切不可只看销售额。社群与一家公司的品牌形象、口碑营销、用户关系维护息息相关，建立社群是一件有复利的事儿，值得专门拨一部分品牌预算来做这件事儿。

我希望大家能建立一个生命周期较长的社群，而不是在短期内"割韭菜"的社群。

4.6 用户运营：打标签精细化运营

用户运营是一项非常复杂且重要的工作，大型互联网公司甚至会运用AI算法进行千人千面的推送，如抖音、淘宝、今日头条、小红书等，猜测用户的喜好并投其所好，极大地提升了用户生命周期价值。

虽然自流量创业者用不到那么"高大上"的技术，但是精细化运营的思维是相通的，即用不同的手段应对不同的人。在时间、精力、资源有限，并且用户给我们带来的价值不一样的情况下，这是最有效率的做法。

例如，有3个一对一咨询的免费体验名额，我是发朋友圈免费送出去，还是定向给咨询过付费课程但还没下定决心的人呢？再如，有3个做项目锻炼的名额，我是给一般用户，还是定向给上过顾问班的优质用户或平时经常帮我宣传的关键人呢？相信你的心里会有答案。

"区别对待"在其他地方可能是一个贬义词，不过在用户运营领域是一种很重要的思想。"区别对待"的前提是你要了解用户，给用户打标签、分类。自流量创业者如果能把微信用好，就能让它成为我们进行用户精细化运营的得力工具，在用户数量较少的情况下，暂时不用购买其他第三方付费CRM（Customer Relationship Management，客户关系管理）工具。

4.6.1 如何利用微信给用户打标签

用户标签是对用户某个维度特征的描述，能够让打标签的人快速获取用户信息。怎么打标签才能助力更精细化的用户运营呢？

我们需要确定常用的备注和标签维度。

对于标签维度，可以从**用户级别、用户属性、用户来源、用户状态、用户价值、用户偏好**六个维度中，根据实际业务进行选择、组合。

① **用户级别**：这是对用户重要程度的综合判断。例如，我们可以给未付费用户打A、B、C之一的标签，分别代表高意向、中意向、低意向。标签是动态的，如果多次与打上B标签的用户沟通无果，那么可以将该用户的标签降为C标签。

② **用户属性**：指用户的基础、客观属性，如性别、年龄、地域、职业、婚姻状况等。这些属性对某些业务很重要，如对于社区里的艺术类少儿培训机构来说，用户所住小区的信息很重要，打上标签后可以快速识别同小区的在读用户和潜在用户。

③ **用户来源**：掌握用户是从哪里知道并加上我们的，能帮助我们判断哪些渠道是优质渠道，如大众点评、公众号、朋友推荐、地推传单等。如果来自朋友推荐，那么我们可以备注具体是谁推荐的，方便后续对推荐人进行答谢。

④ **用户状态**：指用户当前的活跃状况和对产品的使用频率。我们可以给用户打高活跃、一般活跃、低活跃等标签，低活跃标签代表该用户可能会马上流失，需要引起重视。

⑤ **用户价值**：指用户的消费情况，可以将用户分为高价值、中价值、低价值用户。高价值用户有更大的可能性和能量进行续费、复购、传播，需要重点维护。

⑥ **用户偏好**：指用户的偏好。例如，服装店店主可以给老用户打上法式、英伦、日系、中式等风格偏好标签；烘焙店店主可以给老用户打上芝士、欧包、千层、全麦等口味偏好标签。我家附近有一家手工烘焙店，店主把用户的喜好摸得很清楚，她能根据复购情况知道用户喜欢什么口味。由于她的产品是限量的，必须当天做当天售完，因此她充分利用了用户口味偏好的标签，及时通知每种产品的回头客，几乎没有滞销浪费的产品，并且用户体验也很好，觉得店主惦记着自己，即使有时候原本想不起来要买，也会因为被提醒而顺手买一点。

4.6.2 用微信给用户打标签的实操经验

微信是一个天然的 CRM 系统，对于小微个体和自流量创业者来说，微信无疑是用户运营的绝佳选择。

下面我以微信为例进行用户精细化运营的实操讲解。

操作步骤：首先点击微信好友的头像，然后点击页面右上角的扩展按钮，最后点击"设置备注和标签"。

1. 写备注

在写备注的时候要遵循两条原则，**一是方便查询，二是一看便知**。

最常见的方法就是备注用户的"姓名＋行业＋身份"，如"小花医美运营总监"。

2. 打标签

写备注方便我们辨认用户，而打标签方便我们进行用户分层精准运营，如给"小花医美运营总监"打上"KOL""上海""A类"等标签，方便后续更有针对性地做出各种营销动作。

例如，我要去上海做活动，可以对上海的用户群发信息；我要为新书寻找可以帮我宣传的KOL，可以给打上"KOL"标签的用户赠书；我的某个课程开课，可以对高意向的"A类"用户定向私聊；在某些情况下，不必让所有人都看到某条朋友圈，可以选择让无关的人看不到该条朋友圈。

3. 加电话号码

大家对微信的使用、依赖程度远远高于电话号码，有事情一般会先选择微信聊天，如果找不到人再发语音通话，还是联系不上才会打电话。这个功能可以帮你把用户的电话号码和微信号关联起来，在调用时会特别方便，还不用担心通讯录丢失。例如，老师们可以使用这个功能，在遇到紧急情况时快速给家长打电话。

4. 增描述

我们平时用这个功能用得比较少。不过，做"to B"的销售人员如果需要长时间跟进某个重要决策人，或者长期维护某个高价值用户，就可以使用这个功能，如添加名片，描述用户偏好的产品类型，记录最近一次跟进用户时遇到的问题，以及用户的生日、性格等。

4.6.3 动态标签管理

用户是变化的，标签也需要不断更新，这一点非常重要。精细化运营的目标是增加高价值用户，并且对用户了解得更透彻。如果标签万年不变，说明我们的工作没有什么意义，没有给用户带来什么影响，与初始值相比没有多大变化。

如何进行动态标签管理呢？

你需要从用户朋友圈、社群、平台的消费历史中寻找蛛丝马迹。例如，我会在朋友圈中发布某一期线下培训课的场景，如果某个用户评论"我也想参加,下一期是什么时间",我就会敏锐捕捉到对方是下一期培训课的准用户,并给其打上标签(如"5期意向用户")。在5期培训课开始招生时,我会优先通知该用户,在其付费后将标签改成"5期已付用户"。这样做能帮我统计在某一期课程招生时,潜在用户有多少,已转化用户有多少。

再如,社群中的某个用户提到其最近需要换工作,如果我是社群的服务人员,这时候就可以为其打上"换工作"的标签,在看到相关工作机会时告诉该用户,让对方觉得惊喜,有被惦记着的感觉。在对方找到工作后,可以删除该标签。

有人可能会觉得麻烦,认为凭记忆也行。不过,随着用户越来越多,迟早会记不清楚。越早养成打标签的好习惯,就能越早得到一份沉甸甸的用户资产。目前,规模大一点的公司已经开始使用企业微信更加便捷的打标签功能,定向群发。关于企业微信和个人微信打标签功能的差别,此处不再赘述,读者登录企业微信官网即可查看。

我想提醒大家的是,企业微信对小微创业者的作用不太明显,不容易让用户建立信任,建议私域用户数量在10万个以内的小微创业者,从个人微信号入手进行精细化运营。

4.7 活动运营:策划爆款活动六要素

与内容运营、用户运营的"润物细无声"相比,活动运营更具引爆性,需要在短期内提升某些指标,如用户数、交易额、品牌美誉度等,线下沙龙、品牌招商会、门店宠粉活动等都属于活动运营。

在活动运营中，只要能抓住下图中的六要素，就有更大的概率做出成功的活动。

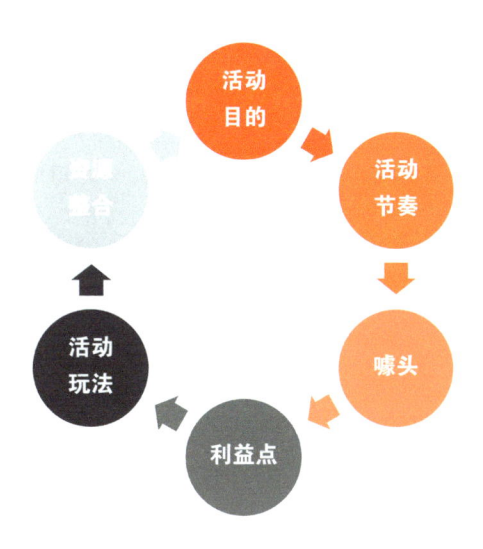

4.7.1 爆款活动的六要素

1. 活动目的

每期活动都应该有一个最高优先级的目的，不能什么都想要。如果活动目的很多，那么运营人员很容易在运营过程中感到手足无措，结果往往是一个目的都没达到。

活动目的是为当期活动的运营策略服务的。记得某一年天猫的大策略是"提升时尚度"，为了将这个看起来很"虚"的策略具体落实到天猫服饰方面，需要通过一系列活动提高客单价。注意，这里不涉及提高品牌好感度、交易额、转化率等指标，只需要提高客单价。

因为，客单价是与时尚最正相关的指标，如果用户在天猫购买国际一线品牌服饰，那么客单价自然会提高，平台会显得更时尚，更多时尚大牌也会相继入驻。

所以，天猫那段时间的活动不是推大众熟知的淘品牌，而是精选的国际著名品牌、潮牌、尖货，不强行要求商家打折，主要通过明星站台、满赠限量礼品、时尚博主提供内容等方式来打造活动。这样一来，当期活动的客单价往往会提高，至于销售额是否上升，不是最应该关注的指标。

2. 活动节奏

活动能否达到预期，关键在于能否把控活动节奏。活动节奏通常分为造势期、预热期、正式期、尾声期四个阶段，每个阶段都有亮点可挖，都有各自肩负的重任。

造势期：通常是正式期前2周到1个月。这个阶段的工作重点是发布公关稿透露活动亮点，完整的预告应放在下一阶段（预热期）。不过，没有太大号召力的公司一般可以省略或弱化这个阶段，毕竟网络世界中"信息大爆炸"，用户的耐心是有限的。

预热期：通常是正式期前3～5天。这个阶段的工作重点是公布活动亮点和利益点，在线上表现为曝光活动商品、玩游戏、抽奖、满额赠券、集赞活动等，在线下表现为门店员工宣导、活动展架宣传和DM（Direct Mail，快讯商品广告）等宣传活动。活动越重大，运营人员越要把主要精力放在预热期。

正式期：通常是1～3天。这个阶段的工作重点是转化，对于电商网站，需要做好选品，保证购物流程顺畅，把流量最大限度地转化为销售额；对于做品牌传播的线下活动，主要是让现场体验超出用户的预期，让用户"路转粉"并自发传播。

尾声期：完整的活动节奏不能止步于正式期，一定要给活动做一个漂亮的收尾。尾声期的作用不容忽视，对内可以复盘总结、汲取经验，对外可以宣告活动圆满结束，包装活动中的亮点、爆点，完成一次漂亮的公关。例如，天猫一年一度"双11"的尾声期就做得很棒，对外发声足、亮点多，对内会利用剩余流量进行返场促销。

3. 噱头

噱头：就是给活动找一个吸引眼球的由头。例如，节日（情人节、七夕节），纪念日（周年庆），里程碑（注册用户达到100万个、第100家门店开业），热点事件（世界杯、大运会），等等。有些公司担心自家的活动与其他公司的活动"撞车"，很难出亮点，常常会策划专属活动，如自己创造一个节日（京东的"6·18"、天猫的"双11"等），或者把洞察到的用户痛点、爽点、痒点作为活动的噱头，往往会给人耳目一新的感觉，也能成为很好的噱头。

痛点：就是用户害怕的、求而不得的点。教育培训机构常常用痛点戳痛用户，不得不说对大众市场非常有用。不过，如果你的个人IP是传播积极向上的价值观，那么应避免经常将痛点作为噱头，以免引起用户的反感。

爽点：就是能让用户即时满足的点。正如手机QQ浏览器的广告词"我要的现在就要"一样，在浮躁的快节奏时代，理财机构、知识付费IP常常用爽点吸引用户，如"21天走上财富自由之路""30天升职加薪计划"等。

痒点：就是用户羡慕的、希望拥有的点，描述理想的画面，让用户心里痒痒的。旅行公司常用痒点吸引用户，给用户"种草"，如"不走出去，家就是你的世界；走出去，世界就是你的家"，奢侈品品牌的活动或广告也常常使用这种手法，我常说的"把理想人生运营出来"同样在描述一种痒点，很多用户都很向往这种状态。

4. 利益点

利益点指的是用户能够享受的好处，如满减、返现、两人同行一人免单、限时闪购、首单立减、增加用户权益等。

我们在确定活动主题和制作宣传物料时，要想最大限度地吸引用户参与活动，必须记住"噱头＋利益点"的黄金组合。

案例：

你经过街上的某个铺面，如果该铺面前的大横幅上只写着"江南皮革厂倒闭了"，你会有什么感觉？

这就是只有噱头，没有利益点，你可能会产生"这和我有什么关系"的疑问，怎么会参与活动呢？如果在横幅上只写着"全场清仓一折起"，你又会有什么感觉呢？是不是觉得很廉价？不明原因的打折很不真实，可能全年都在打折。

如果把横幅改成"江南皮革厂倒闭了，全场清仓一折起"，效果会不会好很多呢？

第三个横幅兼顾了噱头和利益点，告诉你是因为什么而打折，并且给了你参与活动的理由。

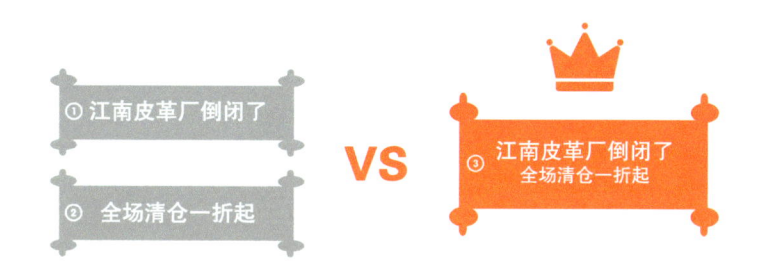

① 江南皮革厂倒闭了
② 全场清仓一折起
VS
③ 江南皮革厂倒闭了 全场清仓一折起

5. 活动玩法

活动玩法既是噱头和利益点之间的纽带，也是活动的放大器。好的活动玩法应该是新颖、有趣、操作简单的，不能让用户轻易得到利益点，用户只有在做了某件有趣的事儿之后才能得到利益点，这样反而会让用户更珍惜，甚至会主动传播活动。这就是利用了人们"物以稀为贵"且厌恶损失的心理。

常见的活动玩法有红包雨、裂变红包、集五福、征集故事、晒照片、转发抽奖、集赞、拼团活动，下单领取福利，砍价活动，打卡活动，以及企业微信群裂变等活动。这些活动不是主动给用户优惠券或红包，而是在用户参与某个互动活动之后才给的。这样做的结果，一方面能刺激用户参与、分享、传播，大大提高用户的积极性，另一方面，对于付出劳动后领到的优惠券和红包，用户更容易在活动期间使用它们。

案例：

同样是送免费机票，新世相"逃离北上广"的活动为什么能玩出轰动效应？

新世相以"4小时后逃离北上广"为噱头,以"前30位赶到机场者将收到一张未知的免费机票"为利益点,让用户觉得更加可信,更容易关注、转发、看热闹。

下图为新世相"逃离北上广"的活动海报。

不过,并不是在所有活动中加入一些玩法都能引起裂变,只有让用户觉得参与活动付出的成本低于其获得的利益,用户才有动力参与。例如,前两年大家喜欢玩的群裂变(扫码进群听分享,必须将分享海报转发到朋友圈中并截图才能进群,通过机器人的审核后可以在群内听分享,否则会被移出微信群),之所以效果越来越差,是因为很多人觉得没必要为了一次干货不太多的分享而

贡献一个朋友圈广告位，让看到该朋友圈的人觉得自己很掉价。如果想继续使用让用户分享的玩法，那么需要提供足够独特且有干货的内容。

6. 资源整合

资源整合的核心是双赢，用自己最强的资源换取他人最强的资源，强强联合，扩大彼此的影响力。初创者要善于运用独特的创意和内容，争取与对方合作的机会。

例如，成都规模最大的妈妈社群"妈妈力量营"，每年都会策划盛大的圣诞活动，全城招募100位妈妈群主在所在小区建立专属社群，只要每个小区的专属社群满50人，就能召唤圣诞老人给小朋友送圣诞礼物，为小朋友准备一个惊喜。

这个有社会价值的活动，每年都会吸引上百个小区的用户参与。这就是一个四方获益的资源整合案例，具体说明如下。

商户需要亲子用户，通过赞助奖品，可获得品牌曝光机会和意向用户线索；"妈妈力量营"社群作为牵头方，可以通过活动吸引会员注册，将会员导入私域；小区里的志愿者妈妈群主在活动中展现了自己的号召力和爱心，既可以为小区创造节日氛围，也可以提高自己在小区里的知名度；小区里的亲子家庭可以免费收到礼物，获得免费去商户体验的机会。

如果一个活动能够兼顾以上六个要素，就算是比较完整的活动了。不过，要想从每次活动中充分汲取养分，还需要通过活动复盘持续迭代。

4.7.2 活动复盘：GRAI复盘法

复盘是围棋术语，指的是对局完毕之后双方棋手把博弈结束的棋局重复一遍，检查对局过程中哪些招法下得好，哪些招法下得不好，或者有没有更好的招法，以提高棋手的下棋水平。在现代社会的语境里，复盘指的是把做过的事情重新演绎一遍，从而对做过的事情形成更深的理解，争取下一次做得更好。**复盘的核心价值是"巩固成功"和"改正错误"。**

GRAI复盘法的流程分为四个步骤，呈现形式通常是复盘文档和复盘会。

G（Goal，回顾目标）：在复盘时，首先展示当初策划活动的目标和背景。

R（Result，评估结果）：对比目标和完成结果，计算完成率，对活动结果定性，看看活动结果是达到预期、超出预期还是低于预期，让领导者对活动效果一目了然。

A（Analysis，过程分析）：重新演绎活动过程，抓取并分析活动过程中的关键数据和关键事件。

I（Insight，规律总结）：找出做得不好的地方，避免再次发生；提炼做得好的地方，继续保持，沉淀为经验。

4.8 海报呈现：吸引眼球，立即转化

在各式各样的物料里，小微创业者一定要学习制作朋友圈海报。现在有很多方便的小工具，即使你是设计"小白"，也能轻松套用模板做出效果不错的海报，制作成本几乎为零。

4.8.1 什么场景需要海报

当我们有重要的信息需要传达给用户的时候，常常会以海报的形式呈现。海报的视觉效果优于链接或文字，能在第一时间抓住用户的眼球。

虽然短视频也很吸引眼球，但是在短视频中植入二维码，用户无法直接识别。与短视频相比，海报既能吸引用户的注意力，又能直接引导用户做出下一步行动（如识别二维码进入详情页并支付，或者添加微信好友了解更多信息），变现路径更短。

需要海报的场景有很多，通常是在朋友圈和社群内，用于活动宣传、金句传播、新品上市、招商发布会等，甚至可以专门为一篇爆款公众号文章生成二维码，制作一张海报，提高公众号的打开率。

总之，善用海报，可以更好地利用私域广告位，提高宣传效率。否则，辛辛苦苦策划的活动，在展示这一步功亏一篑，用户仍然看不到活动需要传达的信息。

4.8.2 用示意图梳理海报信息层级

我建议大家用示意图梳理想在海报上呈现的信息层级，信息层级应符合用户接收信息的逻辑。用示意图和设计师高效沟通，对方能够快速理解并高保真地做出你要的效果。符合用户接收信息逻辑的海报信息层级如下。

一级信息：噱头，即吸引眼球的由头。

二级信息：利益点，即用户能够享受的好处。

三级信息：玩法介绍（如活动的时间、地点、日程安排、报名方法等）。

四级信息：二维码和"钩子"（也就是"临门一脚"，敦促用户识别二维码的指令，如"稀缺""限量""不满意可退"等）。

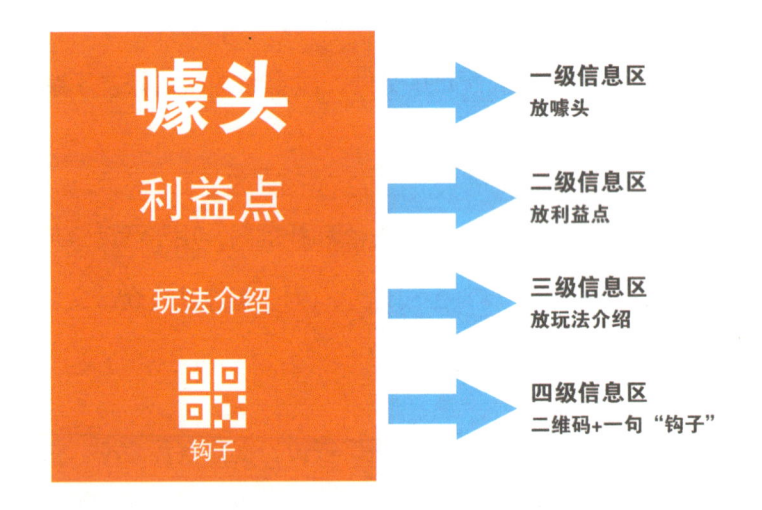

```
┌─────────────┐
│    噱头     │  →  一级信息区
│   利益点    │       放噱头
│             │
│  玩法介绍   │  →  二级信息区
│             │       放利益点
│    ▣▣       │
│    钩子     │  →  三级信息区
└─────────────┘       放玩法介绍

                →  四级信息区
                    二维码+一句"钩子"
```

这种方法对海报的优化效果非常明显，屡试不爽。我们来看看下面这个案例：某用户公司的员工做出了第一版活动招募海报示意图（图①），这张示意图是不过关的，如果直接让设计师做出来，看上去会很挤，重点不突出，效果不好。我要求该员工在图①中调整部分内容，该突出的内容要突出，该弱化的内容要弱化。后来，第二版示意图（图②）顺利过关，这时候让设计师制作海报，设计师一看就能明白，出图很快，并且海报的效果很好，否则容易改来改去，沟通成本较高。

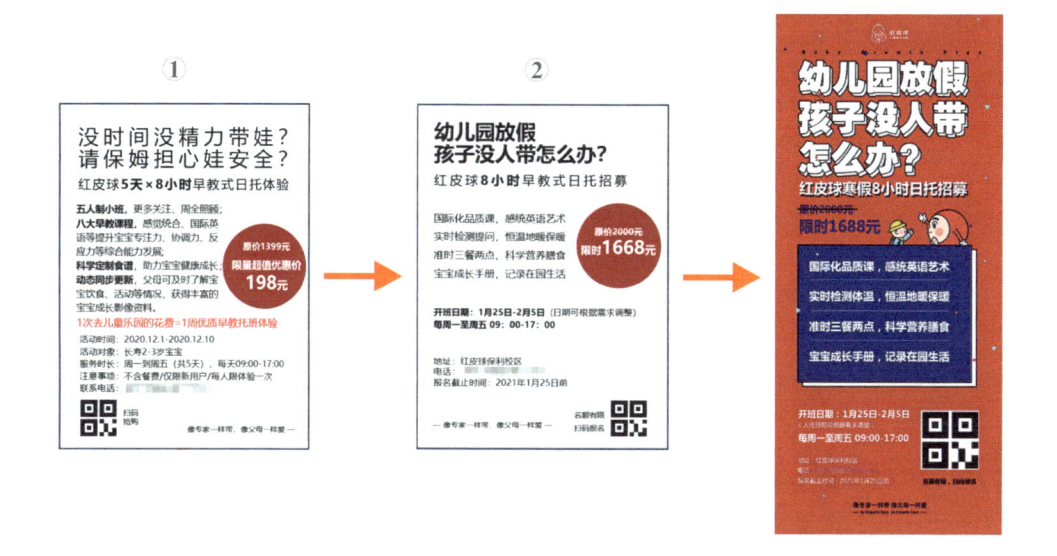

4.8.3 用不同海报多角度宣传活动

宣传活动的时间往往会持续1~2周，如果只用一张海报，很容易没有新意，用户会产生视觉疲劳，效果越来越差，并且一张海报很难从不同角度说明活动或产品的吸引点。因此，我建议准备不同的海报，吸引不同的用户，保持新鲜感，持续给用户抛"钩子"，最大限度地转化用户。

在实际场景里，最常用的是下面几种类型的海报，它们常常以组图的形式出现，这也是精细化运营思维的体现。用一组海报表达活动或产品对不同人群、在不同场景里的吸引点，可以从多角度击中不同用户，让用户更有代入感，觉得其中一张海报就是在说自己，忍不住识别二维码查看详情。

1. 金句组图

如果你要宣传某个课程，那么可以提炼一些讲师的金句、观点，以大字报的形式呈现出来，很可能其中一张大字报会让用户觉得说到心坎上了，醍醐灌顶，特别有价值，很想学习该课程。

2. 痛点组图

你可以调研真实用户，搜集他们的痛点，选出最有代表性的几个痛点做成海报并给出解决方案，引导用户参与活动。

3. 爆款组图

例如，你在"双11"需要销售很多产品，其中一些爆款产品比较吸引人，如果你不单独为它们制作海报，用户就不知道它们，这样就把爆款产品埋没了。在展示爆款组图时，标题最好不要直接用产品名，而是描述用户拥有产品后的场景和状态，先给用户"种草"，再将用户的目光转移到具体的产品上，吸引的用户面会更广。

4. 人物组图

从产品的目标人群中选取典型人物，在征得他们的同意后，请他们说出自己的观点和产品对他们有什么作用等，可以起到转移信任的效果，激发同类用户的认同和追随。最好选势能大一点的典型人物，他们可以代表用户想成为的一类人。

4.9 巧用工具：自流量创业者装备升级

工欲善其事，必先利其器。自流量创业者无法像大型互联网公司一样，拥有专门的开发团队和产品经理。在这种情况下，巧妙利用市面上的第三方工具，能够让你和团队的工作效率倍增，发挥强大的战斗力。接下来给大家推荐一些自流量创业者会用到的实用工具。

1. 海报设计工具

制作海报已经不再是设计师的专长了，只要用好工具，人人都可以快速制作海报。给大家推荐以下几种工具，基本上可以轻松搞定不同场景、不同尺寸的各种海报设计，即使你是完全没有基础的设计新手，也能制作出精美的海报。

① 稿定设计。

② Canva可画。

③ 创客贴。

如果需要制作朋友圈配图，那么可以使用美图秀秀和黄油相机。大部分工具在网页、App、小程序端都可以使用（下文推荐的其他工具也是如此）。

2. 视频剪辑工具

在短视频走红的时代，很多地方会用到短视频。如果你想用手机随时随地剪辑视频，那么我推荐**剪映App**。剪映App的一键成片、图文成片、创作脚本、提词器、剪同款等功能非常强大。

3. 二维码编辑工具

二维码的应用范围也非常广。给大家推荐以下两种工具，不但可以把链接转成二维码，而且可以编辑好看的样式，还能监测扫码量。

① 草料二维码。

② 第九工场。

4. 远程协作办公工具

受到疫情的影响，远程协作办公的模式越来越被人们接受，因而诞生了一些为这种模式服务的工具，如石墨文档、腾讯会议和字节跳动旗下的飞书OKR。有了它们，随时随地可以工作，成为"数字游民"，不受时空限制。

5. 社交平台大数据分析工具

知己知彼，百战不殆。我们在入驻各种社交平台时，应该广泛分析所在行业的头部账号并选出参考账号，而不是自己闷着头做。通过分析头部账号的选题和数据，学习、借鉴它们的经验，可以更准确地判断平台用户的喜好。

如果我们需要联系KOL投放相关内容，那么可以通过以下社交平台大数据分析工具，掌握KOL的数据，判断他们是不是优质KOL。

① 新榜：可分析公众号、视频号、微博、抖音、快手、B站等榜单。

② 卡思数据：被称为"视频内容行业风向标"，可分析抖音、快手、B站等数据。

③ 千瓜数据：小红书数据分析平台。

6. 开店卖货工具

私域里有很多具备交易功能的工具，自流量创业者不需要自己开发小程序或网站。

如果你是销售知识产品的知识IP，那么我推荐小鹅通（付费）和千聊（免费）。

如果你销售实物类产品，或者做线上和线下相结合的新零售，可以使用有赞（付费）、微盟（付费）、微店（免费）和有赞微小店（免费）。

微信小商店是免费小程序，可以在视频号直播时植入；快团团是一种免费的社群卖货工具，不但可以开店，而且可以在社群内接龙收单。

很多人纠结是用付费工具还是用免费工具，如果你还没有确定商业模式，只想走一走交易流程，试一下最小可行性产品的效果，那么可以使用免费工具（我个人用过千聊、有赞微小店和微店）；付费产品在稳定性、服务、营销功能和品牌形象展示方面更有优势。

第 5 章　一个人"活成"一家公司

自流量创业是一条不断"升级打怪"的路，
不仅要关注数据，还要关注价值实现

自流量创业需要不断"升级打怪",不仅要关注数据和变现,还要关注内心和价值实现,确实是一条漫漫修炼之路。

5.1 运营思维:提高人生效率

回过头来看,我感谢自己从事过的每一份工作。在这些工作中,没有一份工作是一眼就能看到头的,每一份工作都很有挑战性,这促使我养成良好的思维。养成良好的思维,不仅能让人快速学到新知识,还能将经验迁移到全新的项目中,这对于需要适应日新月异的移动互联网环境的人来说,实在是太重要了。

由于思维模式的不同,同一件事由不同的人来做,效果会截然不同。流行的手段每年都在变,每年都有一些玩法被淘汰,同时有新的玩法被创造出来。如果一味追求"术"的层面,会非常累且没有安全感。

良好的思维模式能让人在变化中找到不变,打破"内卷"。接下来给大家分享让我终身受益的六种运营思维。

5.1.1 流程化思维

流程化思维指的是在做某个项目之前，先推演从开始到结尾的项目全流程，明确每一步的难点和需要什么人、什么资源，再开展项目，以免做到一半发现做不下去，或者明明可以先做某件事，或者同时做两件事。我工作过的携程和阿里巴巴都很重视流程化思维。

怎么体现流程化思维呢？

一方面，流程化思维体现在我们做过的每一个项目中。当我们需要做某个项目时，首先要梳理项目全流程，把大问题拆分为若干细小的节点，这些节点直接关系到能否顺利完成项目，可以让结果更有确定性。在梳理项目全流程时，会用到一种叫作"甘特图"的工具，用Excel就能画出来，它可以让我们直观地了解在什么时间段需要完成哪些任务，以及需要和哪些人协作。

另一方面，流程化思维体现在我们做完项目之后，能够把经验总结成标准流程，在以后做类似的项目时可以借鉴，节省不少力气。在总结经验时会用到另一种工具，即标准作业程序，它指的是把某件事情的标准操作步骤和要求用统一的格式描述出来，用来指导和规范日常工作，可以大幅提高效率，并形成团队内的经验传承。

5.1.2 精细化思维

精细化思维，指的是对不同人群、不同场景、不同时间、不同渠道等区别对待，任一元素改变，策略都要改变。精细化思维的极致是千人千面、弹无虚发，将效果最大化。

所有的运营方法都要回归对用户和具体场景的深刻洞察，不做泛场景的无差异化营销。运营人要时时刻刻从具体场景出发，而不是"一招打天下"，不能把用户当成面目模糊的陌生人，不能用一种策略应对所有人。

例如，每个人登录小红书、抖音、淘宝等平台时，在首页看到的推送是不一样的，这就是针对不同人群的精细化运营。与"向所有人展示一样的内容"相比，精细化运营可以让用户停留的时间更长，转化率更高。

再如，我们在投放广告或分发内容时，应该考虑不同渠道的调性和特点，采用不同的标题、文案和广告图。

精细化思维随处可用，并且可以在一件事上反复用、叠加用，用得越娴熟，效果越好。

如果流程化思维是把一件事横向想清楚，明确从哪里来、到哪里去和其中有哪些关键点，那么精细化思维就是对关键点的纵向剖析。二者一横一纵，构成了一个运营人的基本面。

运营就是细节
细节创造差异
差异创造品牌

5.1.3 杠杆化思维

古希腊科学家阿基米德有一句流传千古的名言："给我一个支点，我就能撬动地球。"杠杆化思维启示我们不要蛮干，应该找到"支点"，先做好作为"支点"的这件事情，再以此为杠杆，"撬动"更多、更好的结果。拥有这种思维的人，不是只盯着自己的一亩三分地，只想着自己的利益，而是向外借力，实现双赢甚至多赢。例如，"1000个铁杆粉丝"对于很多自流量创业者来说，就是杠杆。

创业公司在资源匮乏的时候可以运用杠杆化思维，四两拨千斤。能够体现杠杆化思维的手段包括和流量更多、势能更大的其他品牌合作；在做活动时通过关键人来转发，借助KOL来推广；在预算不变的情况下，采购本来就自带人气的奖品，更能吸引用户参与活动。

在资源相同的条件下，杠杆化思维能帮我们取得更好的结果。

其实，人生就是一个"别针换别墅"的杠杆游戏。 我们在刚参加工作时什么都没有，是不是也可以通过一个个杠杆提高自己的身价和不可替代性呢？例如，进入著名公司，参与几个拿得出手的案例，争取得到贵人提携，等等。

5.1.4 生态化思维

接来下说一说生态化思维。如果杠杆化思维多用于两方交手的情况，那么生态化思维会涉及多方。生态化思维是利他、共赢、有格局的思维。

运营社群是一件必须具备生态化思维才能做好的事儿。社群既不是微信群,也不是会员群。运营社群不能唯我独尊,试图在社群里不断"割韭菜"。应该以打理一个"鱼塘"的心态来运营社群,让"鱼虾""水草""泥土"和谐共生。例如,我的"运营圈子计划"是一个典型的生态化社群。我很少在社群里打广告,反而常常鼓励群成员在社群里展示自己,发一些符合社群定位的软广告;对于我不擅长但用户感兴趣的领域,我会邀请其他知识大V来分享,即使我们之间存在竞争关系。无论是打广告的群成员还是被邀请的嘉宾,只要他们积极回答问题、展示自我,我就会把他们的行为看作是在帮我活跃社群,而不会敌视他们。他们付出了,所以在我的社群里得到了他们想要的,这无可厚非。如果整个社群只靠你一个人撑着,容不下他人展示自己,你将会非常忙,社群也会越来越封闭。

阿里巴巴就是一家颇具生态化思维的公司。在常人看来,增速很快的电商App网易严选和淘宝之间存在一定的竞争关系,如果用户习惯了网易严选,逛淘宝的次数就会减少。然而,网易严选在淘宝开店了。淘宝为啥给自己的竞争对手送流量呢?因为淘宝是一种生态,网易严选是这种生态里的佼佼者,淘宝需要网易严选这样的好卖家来撑场子。它们互相需要对方,用户也能受益,不用下载两个App。

通过满足对方的需求达到自己的目的

5.1.5 数据化思维

接下来要讲的数据化思维和产品化思维是两种更高层次的思维。在大厂工作过的人基本上能具备，而草根创业者培养这两种思维的机会相对少一些。

数据化思维指的是用数据记录业务情况并指导运营。它的反面是"拍脑袋"、凭感觉决定。阿里巴巴的数据驱动业务在整个互联网行业中是数一数二的，我在第一本书《我在阿里做运营》中，介绍了阿里巴巴的很多具体工作是如何践行"用数据指导运营"的。

有些人一旦离开大厂，自己出来创业，就傻眼了，既没有数据运营专员给自己提供现成的分析报告，也没有各种"高大上"的数据搜集、分析工具；还有些人觉得业务起步期的数据量太小，不屑于记录。其实，创业者靠自己就能搜集、分析数据，并且在创业初期就应该开始做这件事，和数据量大小没有多大关系。

例如，你可以制作自己的周报、月报，记录收入、成交用户数、客单价、全网粉丝数、私域好友数等数据，分析它们变化的原因；再如，在日常工作或创业的过程中，通过分析数据报表，了解业务的真实发展情况，动态调整工作重心和要点。

5.1.6 产品化思维

产品化思维指的是**利用产品规模化完成一些基础的工作，从而抽出身思考更具挑战性的问题**。

从宏观层面分析阿里巴巴的运营，其实就是重复"**试水—数据—产品**"的循环。每当遇到陌生问题时，都需要先由运营人员"试水"，运用前几种思维走几遍流程，在走流程的过程中记录数据，并从数据中提取出一些规律性的东西，形成规则，再请产品经理将规则产品化，解放人力，以便进行更前沿的探索。

对于自流量创业者来说，需要不断将自己的经验产品化并复制下去，如把经验提炼成SOP，把知识点做成一个训练营、一门付费音频课，或者借助第三方工具提高工作效率，这些都是产品化思维的体现。

5.2 目标管理：给自己设定OKR

5.2.1 为什么需要目标管理

目标管理是朝自己想成为的样子努力的过程。目标在哪里，注意力就要放在哪里，只有把有限的注意力放在最重要的事情上，才能高效实现目标。

有无目标管理的同学，他们的区别是什么呢？看一看下面两位同学，你更接近哪一位呢？

A同学：虽然时间自由，但是自己的主线经常被很多外界的事情影响，兼顾所有事情，精力无法支撑，忙活了一通，发现主线进展不大，收获了很多其他的东西，可能也包括钱和惊喜。

B同学：清楚自己的目标和实现目标的路径，会定期修正目标，复盘当前进展，给所有事情排列优先级，保证把精力放在能直接或间接实现目标的事情上，内心笃定，成功经验可复制，即使失败也有收获。

有目标管理意识的同学会**做难而正确的事情**，收获长期复利。

我在自流量创业初期，没有用数据化的方式管理目标，刚刚脱离公司的 KPI，想"躺平"一阵子。**我选择用梦想清单和愿景板这两种工具管理自己的梦想。**

这两种工具的相似之处是都需要找一个安静的地方，准备好纸和笔，倾听自己内心想要什么，不用考虑太多外界的评价标准。

愿景板是对梦想清单的升级。首先，你需要在一张大白纸上分出事业、家庭、财务、兴趣、健康等板块，并在每个板块内写出1~3个目标；然后，从杂志上剪下符合期望目标的图片，贴在愿景板上，以可视化的形式提高实现愿景的概率。我常常把愿景板贴在书桌前方的墙壁上，一抬头就能看到。慢慢实现梦想的感觉，真的是一种稳稳的幸福。

这两种工具更适合创业初期，其弊端是很难落地，很难进行动态调整，一年过半，如果发现无法实现当初定下的目标，可能就会继续"躺平"。而且，定下的目标可能会过于遥远，需要三五年才能实现，对每个月、每个季度甚至当年的指导意义非常有限。

所以，我把"写愿景板"当成一种一年一度聆听内心、寻找"北极星"的仪式，通常会在元旦做这件事。我发现近几年的愿景差不多，这说明我的人生观、价值观越来越稳定了。

为了指导当下的工作，我找到了更好用的工具，即OKR（Object and Key

Result，目标与关键成果法），它让我更理性地把自己当成一家"公司"来进行数据化运营。

5.2.2 个人目标管理工具首推OKR

近年来，OKR是互联网公司和新兴创业公司经常使用的一种目标管理工具。我率先把它用在了个人身上，指导个人的目标管理，让我们成为更专业、更职业化的自流量创业者。

OKR的具体说明如下。

O：Object，指我们想实现什么目标。

KR：Key Result，指支撑我们实现目标的关键结果。

设定O的标准：可以设定多个O，这些O可以与你的主业和"复业"、事业和生活、名和利相关。目标应指向明确且鼓舞人心，像北极星一样指引着前进的方向。我个人觉得设定3个O比较合适，我通常会将O1设定为主营业务变现方面的目标，将O2设定为与个人IP相关的目标（如粉丝量、曝光量、知名度等），将O3设定为新产品探索布局方面的目标。

设定KR的标准：在每个O下面都要设定KR，我个人觉得设定3个KR比较合适。关键结果应具备一定的挑战性，可衡量，与O紧密相连，并且有实现时间的限制。

在设定完OKR后，还需要对KR进行拆解。例如，在我的一个与个人IP相关的O下面，有一个KR是"与其他社群联动做5场100人以上的线上或线下分享活动"。那么在拆解该KR时，我需要进一步列出每个季度做几场活动，可供谈判的社群有哪些，哪些社群是在联络库里的，哪些社群是需要另外进行商务拓展的。

再如，我的另一个KR是"新书发布第一年的销量达到5万本"。由于我没有直接售卖新书，有很大的不可控性，因此我会运用"二八法则"找到抓手，也就是找到对结果最有影响的一两件事，把它们做到极致，那结果就能有七八成把握。经过拆解，我可以做到的事情如下：一、设立包含上千名读者的共读群，让有收获的读者帮我传播；二、找到100个KOL，给每个KOL寄3本书，他们既可以自己看，也可以送给身边的朋友，其中，有自媒体的人会帮我在小红书、抖音、知乎等平台推荐，没有自媒体的人也可以发朋友圈宣传。

OKR目标管理表				
	责任人：		时间段：	
O	KR		任务拆解	完成情况打分
O1:	KR1			
	KR2			
	KR3			
O2:	KR1			
	KR2			
	KR3			
O3:	KR1			
	KR2			
	KR3			

在写出来OKR后，你可以向团队和合作方分享，甚至可以将其写在你的公众号里，一方面让大家监督你的目标完成情况，另一方面让可以助力你实现目标的"梦想合伙人"朝你靠近，而可能会打扰你且与目标无关的人也会因此退后，与你保持一点距离。

每个季度我都会打分评估上个季度的OKR完成情况，针对每季度或每半年的完成情况微调KR。我建议尽量不要调整O，一定要朝着自己内心真正想去的方向使劲儿，做难而正确的事儿。

5.3 灵活雇佣：团队的"选用育留"

随着信息技术和数字经济的发展，"无纸化"远程办公持续推进，办公将不再受限于地理位置。中国互联网络信息中心发布的第47次《中国互联网络发展状况统计报告》显示，截至2020年12月，中国远程办公用户规模达3.46亿人，占网民整体的34.9%。在"无纸化"远程办公的前提下，彻底摆脱"996""007"的工作模式，避免职场办公室复杂的人际关系，既有工作又有生活，找到自己真正热爱的事业，并且不再为之"卖命"，已成为当代大多数年轻人心向往之的自由工作方式。

大部分自流量创业者正是因为不喜欢"向上向下"的管理才离开职场的，应该不希望在个人事业的发展初期，又要在自己不擅长的团队搭建上花费太多精力，这可能会让创业者较早失去自由工作方式的快乐。并且，在自己的力量还比较弱小的时候，搭建团队的成功率较低，创业者不需要过早迎接这种挫折。

5.3.1 灵活雇佣的好处

突破地理限制。对于一个团队来说，找到合适的人至关重要，虽然合适的人不一定和团队在同一个城市甚至同一个国家，但是对于项目来说，他们的确是最合适的人才。在这种情况下，灵活雇佣模式可以突破地理限制，让团队无论在哪里都可以找到最匹配的合作伙伴，而不一定是同城的合作伙伴。

降低用人成本。你可以采用项目制合作的形式，实现灵活雇佣，这样能减少很多类似场地费的不必要开支，甚至在一开始的时候就可以采用兼职的形式，这样做的用人成本大概是全职员工的1/5～1/3。如果你拥有个人IP或人格魅力，给你帮忙恰好能锻炼对方想学习的技能，那么你甚至可以用资源置换的方式免费使用人力。

对于单打独斗的创业者来说，雇佣本地的人来全职工作，无论是从用人成本还是从需求匹配的角度来看，可能都不是那么合适。尤其是当你生活在一个二线以下的城市，很难在本地找到专业的运营人，而一线城市有很多从大厂出来的运营人，他们或许想尝试一下"复业"，可能会与你一拍即合。

采用灵活雇佣而非全职员工的模式，既可以让我们在突破地理限制、降低用人成本的同时找到更合适的人，也可以让我们的团队伙伴得到更好的成长，是一件互利共赢的事情。

5.3.2 团队的"选用育留"

初次搭建团队，尤其是不成熟的、灵活雇佣的团队，创业者一定要学习团队的"选用育留"。以我的公司为例，虽然我的公司只有我一个人，但是我有近20位灵活雇佣的助理，他们解放了我的时间，提高了我的人效，帮助我扩大了事业规模。而我也在一次次练兵中帮助他们实战、成长，即使他们以后不再与我共事，也会感谢我的帮带，传播我的好口碑。

1. 团队成员的"选"

在选择团队成员的时候一定要明确，我们既不能找一群人打杂，也不能寄希望于找一个"大牛"补齐自己的短板，而要让一群同频互补的人进入团队，得到在其他公司可能得不到的试错、创新机会。我们应该提供初始的流程、经验和"避坑指南"，为失败兜底，对成功给予奖励，给足成长空间，在他们需要的时候挺身而出做决定。

就像你提供了一个"实验室"一样，参与"实验"的人好像几年前的你，他们跃跃欲试，想在你的"实验室"里尝试一下，看看自己是否适合这种工作方式。只有这样，你才能以较低的成本获取有自驱力、学习力和创意的人才。

在选人的过程中，"闻味道"很重要，要选择和你的价值观、工作理念相契合的人，毕竟这种工作方式少了一些约束，更多的是互相吸引。**选择契合的人比选择优秀的人更加重要。**

在发布招募启事前，先考虑清楚以下要点，之后就可以制作海报在朋友圈招募了。

1）团队成员画像

团队成员画像包括你期望的团队成员的年龄、工作经验、所在城市、个人特质，以及每周有几个小时可以为你工作等。

2）职责描述

以兼职形式招来的人不是万能的，如果给对方太大的压力，既不太现实，也容易把人吓跑。我建议把你的OKR展示给对方，从中选出几个KR，作为对方的工作目标，部分支撑你实现更高层面的O。大部分事情应该是你经手的、有一定经验的，而不是对你和对方来说完全陌生的。

3）你能提供的价值

例如，团队成员可以参与什么项目，得到什么锻炼，结交什么人脉圈子，获得什么物质奖励，你为对方制订了什么样的培养计划，等等。

4）提前立好规矩

我们在招募团队成员时，一定要提前立好规矩和红线，以减少摩擦、降低培养成本，如提前说明期望团队成员工作的时间，对用户资料、公司信息必须保密等。

2. 团队成员的"用"和"育"

如果选人相当于"用户拉新"，"用"和"育"就相当于"用户留存"。找到合适的团队成员非常不容易，所以我们一定要做好团队成员的留存。"用"和"育"是同时进行的，边"用"边"育"，用好团队成员就是对他们最好的培育，这样团队成员才留得下来。

我在管理助理团队的时候借鉴了PBL（Project-based Learning，项目制学习，以问题为导向，以学生为中心）法，赋予他们做每一件事的意义，激发他们的热情。运营属于劳动密集型的工作，有时少不了要打杂，做一些简单的事儿，应该让团队成员知道这也是借假修真的一部分。

我还会让每个助理设定自己的OKR，O1与其主业相关，O2与"复业"相关（也就是我们合作的项目），O3与其个人品牌相关。我会把更适合助理的项目分给他们，让他们从中学习对主业、"复业"或个人品牌有助力的东西，从而把"为我做事"变成"为自己做事"。

3. 团队成员的"留"

当团队成员成长起来以后，我们要逐渐把他们的琐事交给新人，让他们做更具创造性的事，尽量延长团队成员的生命周期，让他们觉得待在这里还有收获。

不过，一段关系总会有终结的时候。从一开始就要认识到离开是正常的，不能等到团队成员马上离开的时候，才意识到自己没有做好准备，没有沉淀、传承经验，或者感到失落。

所以，平时除了让团队成员在这份工作中有所成长，我们还要把他们所做的工作沉淀下来，形成SOP，未来可以继续用在其他成员身上，降低培育成本。

另外，还要关注团队成员想离开的原因，自我反思采取哪些措施能够延长合作周期。即使实在无法挽留团队成员，也要"和平分手"，看看以后有什么合作机会，而不是互相埋怨。我的老助理通常会在离开前帮我带出一个接班人，离开后也会在"江湖上"传播我的好口碑，给我引流，在某些项目中，我们还可以短期合作，或者请他们回来担任分享嘉宾。

像她们的"娘家人"一样，让她们觉得外面有风风雨雨时，这里有一个可以躲雨的地方，有人撑腰很有底气，即使飞得再高、再远，也时不时想回来看看——这是很多助理对我的团队的评价。

5.4　心理卡点突破：谈钱不伤感情

中国人经常说"谈钱伤感情"，喜欢利用熟人关系让他人免费给自己行方便。这种相处模式看似不伤感情，实则对感情的伤害并不小。

《亲密关系的购买》一书中曾说过"金钱和情感是一种相互促进的关系"。学会谈钱，不但不伤感情，反而是一种专业的表现，在面对熟人的时候能帮助我们更好地巩固感情。特别是当你离开平台，没有固定收入来源的时候，更要学会谈钱，保证把自己的时间和精力用在刀刃上，确保这条路走得下去。

我是一个既爱交朋友又不屑于谈钱的人。有平台给我发工资的时候，常常免费帮助朋友。而在离开平台后，我也曾遇到过不好意思明码标价的心理卡点。每天有很多人找我问问题、喝咖啡、聊合作，对于一些有趣的人，并且我也想从他们身上获得一些资讯，我可以接受免费约聊；对于没时间满足的需求，我常常因为不知道如何回复而选择不回复。后来我发现这样做是不对的，对方之所以没有谈钱，可能不是因为缺钱，而是我根本没有释放出"我有付费产品"的信号。与其不回复，不如礼貌地介绍自己和产品，有需要且愿意花钱的人就约聊，不愿意的人就算了，总不能因为不好意思而放弃一部分愿意付费的人吧。于是，我在公众号文章的末尾加了以下两行小字。

"免费聊生活，如果你足够有趣；

付费聊工作，如果你要解决问题。"

通过这两行字筛选用户，还挺有效果的。

商业的本质是交易，交易的本质是价值的交换，价值交换的原则是共赢。对于初次创业的人来说，提前立好规矩，把收费讲在前面，不但可以让你在服务的时候更加专业，而且付费的正向反馈可以让你继续做下去。

学会谈钱，是每一个创业者树立自我价值的第一步。很多人之所以羞于谈钱，往往是因为对自我价值的认识不明确，总觉得自己不行、不值得。你只有正视自己的价值，才能为自己的时间和价值定价，并且从他人的付费中得到对自身价值的正反馈。

对于刚刚开始收费的创业者来说，第一批种子用户往往是身边认识的人，所以在收费时很难为情。有一种效果很好的解决方法是，首先明码定价，让用户知道相关产品原本的市场价格，然后通过类似限时免费、早鸟价等限时折扣给第一批用户让利，这样既展现了你的价值，又让第一批用户觉得占了便宜，会对你更加心怀感激。当你以后推出正价产品时，如果这次尝试对用户有帮助，那么用户很可能会继续购买产品或免费为你做宣传。

在我帮助我的助理和顾问班同学初次做付费微咨询的时候，他们总是很忐忑，觉得自己的能力还不够，不足以让其他人付费享受服务。其实，这是由于对市场供求关系和自我价值的定位不清晰导致的。我一般会要求他们定价，即使定价稍微低一点也可以，如99元、199元、299元一小时，只要能解决某个专业问题，就是合理的。

人们对自己的认知和其他人对自己的认知之间往往是有差距的。每个人都有自己的能力圈，当你觉得自己是80分，前面还有90分的人，所以感到不自信时，却忘记了找你寻求帮助的人才刚刚入门，他们在你擅长的领域可能连60分都达不到，而90分的人懒得辅导他们或开出的价格太高。所以，他们以合适的价格寻求你的帮助恰恰是一个明智的选择。在这种情况下，你要做的就是让自己提供的服务对得起开出的价格。在这个过程中，你也能更快地让自己达到90分。

就像猫叔（知识IP：剽悍一只猫）说的那样："我想要吸引更多高段位的用户，如果价格很低，他们是不会找我的。在我看来，价位是最值得对外宣传的要素之一。举个例子，你要招待某个特别重要的客人，去大众点评上找餐厅，是不是会看人均消费？如果人均消费太低，你肯定是不会选的。"

收费其实是在帮你筛选和自己同频的用户，避免被某些人"薅羊毛"，还能帮你解决花费大量的时间和精力免费帮忙的内耗问题，从而更专心地为付费用户服务。

5.5 偶像包袱：自我成长中最大的成本

很多人的"第一曲线"明明停留在一个还不错的位置，之所以很难开启"第二曲线"，可能是因为给自己背上了"偶像包袱"。

"以前的同事会不会看不起我，觉得我混得挺差的？"

"我分享的这些知识原圈子里的人都懂，会不会觉得我在班门弄斧？"

"我经常发朋友圈，会不会让人觉得和微商一样？"

…………

很多时候，人就是在这样的踌躇中消磨了斗志。然而，在"第二曲线"昂扬上升之前，如果你不想告诉其他人，得不到第一批用户的支持，就无法开启"第二曲线"。

很多在自由职业路上探索的朋友都经历过这个阶段。其实，裹足不前、浪费时间才是自我成长中最大的成本。

这一切，都源于我们的偶像包袱，即使我们还没成为一个偶像。

既然我们走这条路的初衷就是想活出自己的独特性，又何必在乎主流的看法呢？

5.5.1 如何丢掉偶像包袱

首先，明确你的目标用户画像，把关注点放在他们身上，而不是放在非用户身上，其他人的看法不重要。

你的用户本来就不是具有和你同等知识水平的人，他们不需要你，你也不用期待他们为你付费。如果因为他们而放弃影响需要你的人，就太可惜了。

你做的内容也好，产品也好，都是为了找到市场中需要你的人。

对于在舒适区里等着看你笑话的那些人，在将来出其不意地惊艳他们吧！

其次，找到愿意为你付费的100个铁杆粉丝，他们会给你带来正反馈，让你知道自己做的事情很有意义。

例如，你身处旅行行业，虽然你的旅行技能在行业内可能不算突出，但是在其他人眼里你很会玩，并且会带着大家一起玩。如果你能在社交平台分享你的玩法、小众的打卡目的地等，那么对你身边的朋友应该会很有帮助，或许能催生你的"复业"，有些人想请你为其制订旅行计划，有些人希望你能策划主题旅行并带着几家人一起出游，还有些旅行户外品牌或许会给你一些免费试用的机会，希望你能帮他们做测评、软植入、拍照等。

最后，如果你还是在职状态，能不能没有心理负担地探索"复业"呢？答案是肯定的，"复业"也许还能"反哺"你的主业。

讲一个真实的故事。我有一个学生在阿里巴巴上班，她的本职工作不是运营。在刚生完娃时她很焦虑，既想自己带娃，做一些和母婴、亲子相关的事儿，又不忍心放弃大厂的工作。在我的建议下，她跳槽去阿里本地生活做运营，因为运营岗位离市场更近，即使以后离开阿里巴巴，也比其他岗位有更多的背书和信心，更与市场接轨。她的本职工作需要和很多亲子教育方面的商家沟通，她发现很多商家即使送出一些优惠，也没有地方能触达潜在用户，说白了，就是没有私域流量池。商家没有私域流量池，而阿里巴巴没有重点运营微信私域，阿里本地生活一直做得不温不火。

于是，她建立了一个本地妈妈社群，在社群里发布本地亲子商家的优惠信息，吸引了很多妈妈进群，也给本职工作带来了业绩的提升，甚至因为这一创新升了职。因为有主业中第一手的优惠信息加持,她的社群运转得越来越好,渐渐地有了一定的影响力,很多商家想和她合作社群团购,很多妈妈也想加入分销。

这时候,由于精力上顾不过来,她做出了选择,专心运营"轻创业"妈妈社群,同时依然与老东家保持着良好的关系,成为合作伙伴。

这位同学在主业中开启了"第二曲线",不但没有影响公司的利益,反而实现了多赢。

无论你是否离开了平台,都可以通过"复业"更大限度地吸收、实践新的东西,拥有更大的自由和选择权。

如果你的上级狭隘地认为你只能在社交平台发公司的广告,不能打造自己的人格和产品,那么你可以考虑换一个环境了。

5.5.2 利用偶像包袱严格要求自己

偶像包袱虽然会给我们带来一些阻力,但是并非完全是负面的。

如果能把偶像包袱放在产品打磨和用户服务上,争取不让用户失望,就会让我们更加严苛地要求自己,在前进的路上保持谦虚的心态,用心做好每一个产品,真正服务好每一个爱我们的用户。

只有用人品为自己的产品做担保,才能让我们在自由的路上越走越踏实。

5.6　面对竞争：心态有多开放，就有多大能量

近几年，个体创业者越来越多。当你觉得自己还不够强大的时候，内心往往会很脆弱，容易和他人比较，甚至把他人当成自己的假想敌。

事实上，你不应该以职场里"只有踩着其他人的肩膀才能上去"的心态看待身边的同类人，那样会很累，并且对你没有任何好处。

不妨换一种心态，他们可能是你的合作伙伴，你们可以互相学习、跨界合作、用户互导。我就是开放心态的受益者，我建立了"运营圈子计划"社群，社群里有1000多个付费用户，其中难免有和我做同类事情的人。不过我的社群是很开放的，他们可以在社群里宣传自己，获取自己的用户，甚至有时我会帮他们连接用户。这样做的好处是让他们觉得这个社群对自己有益，自然会愿意花时间在群内回答问题或担任分享嘉宾等，我就不用什么都靠自己辛辛苦苦地做了。在这个过程中，我也连接了很多人脉，他们也会把自己手上更适合我的用户推荐给我。

在另一个案例中，我同样因为开放的心态而受益。我曾经与做运营培训的"三节课"、提升创业者认知的"混沌大学"合作，赚取了一些广告费和分销佣金。有些学生问我："你不怕自己的用户流失吗？"我有什么可担心的呢？从大方向上来看，我们都是做成人教育的，不过各自擅长的具体方向不一样。

用户一生中会接触很多知识付费品牌，我不可能是他们唯一的选择。上述两个品牌是我认可的品牌，我把在我这里学习过的用户推荐给它们，既可以让用户得到进一步提升，又可以赚取一些佣金。我把没在我这里学习过的用户推

荐给它们，由于我们理念一致，因此它们会帮我培训用户，让用户明白运营的重要性，至于具体的运营"术"方向，它们不会涉足，这些用户迟早还是会回到我这里的。

你为什么害怕一旦用户知道了第三方的存在就会流失呢？你为什么没有自信认为用户即使去了第三方也没关系，甚至会帮你做宣传呢？

我觉得自信来源于对个人IP的确认。有个人IP的人，就像磁铁一样，随时随地都在吸引能够吸引的人。如果你没有个人IP，总觉得自己的人被其他人吸走了，那么即使没有竞争对手，你也吸引不了其他人。

没有两个人是完全一样的，用户会主动识别并靠近和自己的气味更相投的人。

你若盛开，蝴蝶自来。

5.7 面对变化：拥抱不确定性

5.7.1 最大的不变是一直在变

21世纪初期，文化传播靠的是传统媒体，很多人以进入杂志社、报社为荣。现在，传统媒体不再是"香饽饽"，互联网公司变成大家更想进入的公司。当初电商行业那么火，商家们可能也没有想到，在从线下卖货转为线上卖货之后，有一天还要顺应时代趋势直播卖货。

经过时代浪潮的洗礼，我们最应该做的不是寻求不变，而是从心态上适应"最大的不变是一直在变"。我们应该接受、顺应、拥抱变化，一旦放弃变化，逐步趋于稳定，等待你的就是被淘汰。

我特别推崇终身学习。在每一个阶段，我都会找到一些兴趣点，攻克某个领域，超过身边80%的人，并且让相关技能有变现的可能性。如此，我可以体验到人生不同阶段的美好，把一辈子活出几辈子的深度和广度。当你做的是自己喜欢的事情时，无所谓退不退休。自己又喜欢，又能赚钱，为啥要追求提前退休呢？在我的社群里有很多"60后""70后"的姐姐就是这样的，她们喜欢和年轻人在一起，喜欢更新、迭代自己，和自己的子女一起学习运营，两代人之间出现代沟的可能性更小。

反观一些年轻人，早早就想退休，试图寻找一条稳定不变的路。我认为，抱着这种心态的人反而更容易遭遇中年危机。

我很喜欢的一位印度灵性导师萨古鲁曾分享过，有人对他说："希望没有什么事发生在我身上。"萨古鲁说："只有死了才会这样。我祝福生命里的一切都发生在你身上。"

有人只想要确定性，害怕不确定性。其实，除了死亡是确定的，其他的一切都是不确定的。只有克服对不确定性的恐惧心理，才能拥有丰盛的人生。

5.7.2　熵增与反熵增

德国人克劳修斯提出了一条"最让人沮丧的"物理学定律——"熵增"定律。该定律表明，我们的宇宙正在经历这样一个过程：从低熵、低复杂度，到高熵、高复杂度。高熵意味着高度无序、高度混乱，它预示着宇宙终将归于热寂，生命终将消失。

从事业的角度来看，熵增定律意味着没有任何一个行业可以永远屹立不倒，没有任何一种趋势会永远流行。当我们基于某些经验达到一定高度时，我们往往会固化这些经验，而当外界发生变化时，原有的经验很难把我们拉到新的高度上。

为了改变这种状态，我们不能坐以待毙。比利时物理学家和化学家普里戈金提出了"反熵增"定律，并凭借该定律于1977年获得了诺贝尔化学奖。反熵增定律指出，熵增定律的一个重要前提是在一个"封闭系统内"，所以反抗熵增的有效方法是建立一个能与外界不断进行能量、信息、物质交换的，流动的开放系统，这个开放系统的学名是"耗散结构"。

反熵增定律被广泛应用于企业管理和个人发展领域：投资大师查理·芒格的思维模型里有一项是"反熵增"；华为把"反熵增"作为一条重要的底层逻辑，指导企业在人力资源、战略发展等方面做出重要决策；李善友教授的《第二曲线创新》也把"反熵增"作为一种重要的思维模型；薛定谔说"人活着就是在对抗熵增定律"；管理大师彼得·德鲁克说："管理要做的只有一件事，就是对抗熵增。只有在这个过程中，企业的生命力才会增强，而不是默默走向死亡。"

普通人应该如何"反熵增"呢？

第一，主动探索，与外界交换信息。就像我在第一本书《我在阿里做运营》中提到的那样，我们要在局势逼迫我们做出改变前，跳出舒适圈，抢占先机，掌握主动权。也就是说，我们需要主动做功，主动改变，而不是等到外界变了以后才想着改变。

如果你未来有计划创业，那么你应该在尚处于职场中的时候，**提前发现自己的兴趣点，不断探索**，主动连接意向行业的圈子和达人，和他们沟通，甚至付费向他们咨询。

这种主动改变，更多的是向外看，而不是一味地在自己的工作中低头做事。在职场中的人更要多多感受外界的变化，去外面的圈子看一看，了解其他人在做什么，不能等到某一天因为一些理由被迫离开职场之后，才开始寻求改变。

我在阿里巴巴的时候常常加班，不过我并没有让眼前的工作完全占据我的生活，在其他人休息的时候，我会跨部门找人聊天、吃饭、互换知识；在其他人下班以后，我会看内网、查资料、听讲座；在其他人睡觉的时候，我会打理我在园区的菜园，学习瑜伽和跳舞。

此外，我在每个周末都会去图书馆看半天书，或者参加一些线下活动，和公司以外的有趣的人进行思维碰撞。我喜欢旅游、瑜伽、田园生活，这些兴趣并不是我在辞职之后才开始发掘的，而是从我刚刚工作的时候起就在不断探索的。

第二，打破"封闭系统"，跳出舒适圈。在我的职业生涯中，有三次改变原有职业方向的经历。第一次是我离开携程到阿里巴巴，从线下工作转变为线上工作；第二次是在阿里巴巴内部转岗，从运营部转到市场部；第三次是从阿里巴巴辞职，拥抱移动互联网创业浪潮。每一次改变都是我主动跳出舒适圈、拥抱变化的结果。

在通常情况下，我们想在某家公司或某个岗位深耕，做出成绩。不过，当你在公司或岗位的成长速度减慢，开始低水平重复的时候，就要警惕了。说来惭愧，我在天猫市场部最后半年的主要工作成果是对接设计师，对天猫的IP形象进行优化和延展；对接法务人员，在全球范围内注册"双11"商标，使其成为阿里巴巴的商标。这些成果对一家大公司来说很重要，可是对我来说，成长空间非常有限。很多事情不能自己做主，推动得很慢，对我成为一个全栈运营人的帮助不大。即使把这两项工作成果写进简历里，对我职业发展的影响也很小。

第三，终身学习。 无论你处于哪个阶段，都要保持终身学习的心态，不断接受新的知识和观念，以及新的工作方式和生活方式。只有不断向外界学习，你才能避免原地踏步甚至退步。尤其是在"创业"这条快速前进的船上，随着事业规模的扩大和人生进程的不断推进，我们更需要具备快速学习某项技能或快速了解某个行业的自学能力，以便为我们的事业服务。

这种自学能力不是天生的，而是从后天不断地自我学习中进化而来的。

无论我们要不要创业，在不在职场，都要运用复利思维践行终身学习原则。每年都要为自己的进步买单，无论是通过书籍、在线学习，还是在线下连接达人，我们都要不断更新自己的知识体系，完善自己的专业技能，这样才能从容应对未来的变化。

第四，进入同频圈子，抱团取暖。 一个人的力量终归是有限的，在创业的过程中，你可能会有想放弃、想偷懒的念头，此时找到一个和你同频、相处融洽，能够给予你养分的圈子显得尤为重要。我刚从杭州回成都的时候，没有找到合适的圈子，我看到成都的很多运营人在"野蛮生长"，我还看到了成都的互联网程度与一线城市之间的差距，我觉得自己有一定的责任和义务建立一个这样的圈子，既帮助更多运营人更好地成长，也帮我自己找到同频共振的人。

于是，"运营圈子计划"社群应运而生。在这个圈子里的人既可以被其他人滋养，也可以滋养其他人。毕竟，无论是在信息收集、资源整合，还是在行业趋势洞察方面，一个圈子的力量都是远大于一个人的。很多平时习惯"潜水"的人告诉我，其实他们有在默默关注群内的消息，确实看到了很多积极改变自己的人生样本，看到其他人已经那么优秀还那么努力，自己都不好意思"躺平"了。

第五，相信并依靠比你年轻的人。我特别警惕自己变成老古董，害怕"95后""00后"觉得我很土、很过时，不懂他们。我相信年轻人才是未来，所以每年都会给圈子引进一批年轻的助理，让他们参与圈子的日常工作，拉长时间周期，耐心地培养他们、成就他们，期待他们给圈子带来更多活力。

人生海海，早日上岸

回想这一路，确实挺神奇的。出于对自由的向往，加之是大厂运营人出身，我把公司的运营经验用在个人身上，很好用，很具掌控力，活成了很多伙伴羡慕的样子。

本来我觉得这是一条很小众的路，没想着推广给大家。我很怕从感性上燃起了大家对自由的渴望，却没有办法从理性上帮大家落地。果真如此，可能比老老实实做一份不好不坏的工作更难受。

慢慢地，我看到了很多陪跑的学生案例，国外相关书籍的印证，国内社交媒体的发达和疫情带来的不确定性，加之互联网大厂纷纷裁员……一切迹象都在表明，我走的这条路不是小众的，而是顺应时代趋势的，会被越来越多的人接受。

只不过，它需要时间和方法，还需要很强的自我觉知甚至使命感。

在形成自流量创业方法论的过程中，我做过很多一对一微咨询。这套方法论来源于群众，也"反哺"给群众。2021年年末，我尝试着开办了第一期自流量创业课线上训练营，一开班就爆满，我隐隐感觉触摸到了时代的脉搏。

随着本书的付梓，我特别开心，能把新时代的创业模式提炼成"自流量创业金三角"模型献给大家。在大家苦恼于"内卷""中年危机""意义感缺失""不自由""不能做自己喜欢的事儿"的时候，我再也不用独乐乐了。

经过亲身实践，我发现本书的方法论有很强的适用性。

如果你在初创公司任职，你可以借助本书的方法论，站在更高的层面看待公司的问题，以CEO的视角做打工人，相信你可以得到更大的提升和锻炼。

如果你正做着一份不喜欢的工作，又恰好发现了自己的热爱，纠结要不要辞职做热爱的事儿，也可以借助本书的方法论开创个人事业，逐步开启"第二曲线"。

如果你已经开始创业，仍然可以借助本书的方法论，检查在自己的"自流量创业金三角"模型中,哪个角拖后腿了,应该如何补齐短板,让赚钱变得更轻松、稳定。

············

很幸运,在成文的过程中,我不是一个人孤独求索。我不断从国内外高手那里得到滋养,有时候兴奋得想和他们隔空击掌。我们从不同角度推动个体发现自己的天赋和热爱,通过向世界交付有价值的产品,换来自由,在活出自我的同时,让世界因为我们而不一样。

混沌大学创始人李善友教授在"理念世界"一课中说:"'意义'在20世纪是奢侈品。在如今这个解决了温饱问题的时代,'使命'是必需品。使命与生俱来,人人都是使命的创造者。如果每个人都能找到自己独特的天赋,并能如实地、充满喜悦地表达出来,就是完美的人生。"

英国作家约翰·威廉姆斯在《优势变现》一书中提出:"了解并运用自己的天赋是一种非常慷慨的行为,因为你的天赋并不是为了你一个人而存在的,它属于你身边的每一个人。只有将自己的天赋发挥出来,你才能从中受益。"

美国作家保罗·贾维斯在《一人企业:一个人也能赚钱的商业新模式》中指出:"'一人企业'关注稳定、简单、独立、长期适应力、维持小规模、在可能的范围内实现盈利,而且它们不需要外部投资。'一人企业'关注当下可以实现的事,而不是只有在获得外部投资后才能实现的事,它们可以在没有资本注入的情况下开始运营。"

张辉老师在《人生护城河》一书中点明:"有关个人发展的方法很多时候

会沦为心灵鸡汤，因为缺少科学的方法论。但是，如果你把个人与公司进行类比，把个人视为一家公司，那么用于公司经营的各种理论，包括运营、管理、竞争、投资等，就可以用于指导个人发展。"

黄有璨老师的《非线性成长》和猫叔的《一年顶十年》，对我亦有启发。在这个"内卷"的时代，总有一些清醒的人，提前认清自己的使命并奋力实现。只有找到自己内心相信的东西，才能打破"内卷"，不被主流裹挟。

随波逐流的人就像在低头赛跑，不管是不是在自己的赛道上，只知道用力向前跑，成为其他人的陪练；也像在爬一座看不到山顶的陡峭山峰，想休息却不敢停下来，无心看风景；还像在没有灯塔的海里游泳，不知道要去哪里，不知道岸在哪里，身心俱疲。

人生海海，祝福大家能早日上岸，找到内心的答案，运营自己所爱。用热爱在世界里尽情玩耍，是最大的竞争力。

感谢一路上的良师益友，"运营圈子计划"社群里的助理志愿者们，成都道然科技有限责任公司在图书策划和出版流程方面的专业指导，以及家人的支持。

我会坚持思考和输出，欢迎关注我的公众号或围观我的朋友圈。如果你在践行本书方法论的过程中有任何惊喜的发现，欢迎与我分享。

关注公众号　　　　　围观朋友圈